本研究获得国家社科基金（19CRK010）、中国老龄协会2021年度老龄政策理论研
中央高校基本科研业务费项目(2020ECNU–HLYT048)资助。

U0463339

# 长三角地区人口老龄化
# 时空分异特征及应对策略研究

吴连霞/著

天津社会科学院 出版社

**图书在版编目（CIP）数据**

长三角地区人口老龄化时空分异特征及应对策略研究/
吴连霞著. -- 天津：天津社会科学院出版社，2023.12
　　ISBN 978-7-5563-0949-8

　　Ⅰ．①长… Ⅱ．①吴… Ⅲ．①长江三角洲—人口老龄
化—研究 Ⅳ．①C924.24

中国国家版本馆 CIP 数据核字(2023)第 247146 号

长三角地区人口老龄化时空分异特征及应对策略研究
CHANGSANJIAO DIQU RENKOU LAOLINGHUA SHIKONG FENYI TEZHENG
JI YINGDUI CELÜE YANJIU

**责任编辑：**王　丽
**责任校对：**杜敬红
**装帧设计：**高馨月
**出版发行：**天津社会科学院出版社
**地　　址：**天津市南开区迎水道 7 号
**邮　　编：**300191
**电　　话：**（022）23360165
**印　　刷：**北京建宏印刷有限公司
**开　　本：**787×1092　　1/16
**印　　张：**13.25
**字　　数：**190 千字
**版　　次：**2023 年 12 月第 1 版　　2023 年 12 月第 1 次印刷
**定　　价：**98.00 元

# 序　言

　　华东师范大学人口所吴连霞副教授所著《长三角地区人口老龄化时空分异特征及应对策略研究》是一部以长三角地区为例,关于区域化养老战略探索的专著。该研究突破了以行政区划为界研究人口老龄化的惯常思路,而是从一个"区域"的角度即从一个更大的范围来探索人口老龄化的趋势及应对策略,既增强了区域意识,也拓宽了分析视野,很有创意。

　　该研究应用 2000 年第五次人口普查、2010 年第六次人口普查和 2020 年第七次人口普查的资料并辅以其他相关数据,探索了由上海市、江苏省、浙江省和安徽省三省一市组成的长三角地区在 2000—2020 年的 20 年中在时间和空间的双维度上人口老龄化的变化趋势,揭示了养老需求和养老资源之间的错位状态,提出了异地养老作为应对举措的建议,试图从长三角的一体化走向养老的一体化,很有意义。

　　该研究详细地展示了,长三角地区和全国一样,在过去 20 年中,人口出现了不断走向老龄化的趋势,但同属长三角地区的三省一市即便地域相邻,无论在时间上还是在空间上,无论是在老年人群规模还是老年人口比重上,都表现出千差万别的变化趋势。

我们知道,人口之所以出现老龄化,其直接的原因是人口生育率的不断下降导致出生人口不断减少,而人口的预期寿命不断上升使老年人群不断增大,使人口结构出现了老龄化倾向,而生育率的下降和预期寿命的上升都与社会经济各方面的不断发展,人们受教育水平的不断提升,越来越多的人群转向非农职业、进入城市生活密切相关。

从人口学的三要素来讲,就是人口老龄化的趋势与生育率和死亡率密切相关。但在本书的分析中,值得注意的是,"人口迁移对地区老龄化的影响也越来越大"(74页)。于是,出现了"人口流入省市常住人口老龄化程度低于户籍人口老龄化程度,人口流出省市常住人口老龄化程度高于户籍人口老龄化程度"(32页)的看似反常实则合理的状态。上海和安徽两地是恰当的对比,前者由于大量外来年轻人口的流入而稀释了其常住人口的老龄化程度,而后者则由于年轻人口外流和老年人口沉淀,使其实际的人口老龄化格外严重。因此,如果说户籍人口的老龄化主要是缘于生育水平,那么常住人口的老龄化主要取决于迁移水平(78页)。这也就解释了,为什么农村的生育率和死亡率都相对城市高,但人口老龄化却出现了农村比城市更严重的状况。比如苏中等农村地区正是由于生育率过低加上人口流失过重而陷入了重度人口老龄化的局面(64页)。

考虑到随着我国的社会经济和科学技术在21世纪有更为巨大的发展,可能人口流动将呈现更为迅猛发展之势,如果不能预期我国的生育率和死亡率在未来有显著的变化,那么相对于出生和死亡,迁移作为人口因素在人口老龄化的未来变动趋势中将会产生更为左右局势的影响。长三角地区人口老龄化的时空分析再次提示我们,在对人口老龄化的未来趋势的考察中,要给予人口迁移可能带来的影响足够的关注。

如同长三角区域各地由于其老年人口的规模不同、老年人口的比重不同而产生出千差万别的养老需求一样,各地与养老需求对应的养老资源也存在着参差不齐的情况。该研究从以养老设施(万名老人拥有的养老设施)为代表的养老保障资源,以公园绿化面积(万名老人拥有的公园绿地面积)为代表的生态环境服务资源,以社会保障资源(万名老人城镇职工基本养老保险参保人数)为代表的经济保障资源,和以医疗床位资源(万名老人拥有的医疗床位)为代表的医疗服务资源,对长三角各地拥有的养老资源情况进行了系统的考察。结果表明,有些地方如南通等呈现养老资源严重不足,而湖州等地的养老资源则显得充沛。这种不均衡状况的出现,既与各地的人口老龄化的严重程度有关,也与当地的经济发展水平密不可分。正是由于多种因素的交互作用使经济发展水平相对最高而户籍人口老龄化最为严重的上海市在长三角区域中处于"比上不足、比下有余"的状态。

对过去20年的长三角地区的人口老龄化趋势和拥有的养老资源的时空变化的系统分析,清晰地揭示出了养老需求和养老资源之间错位存在的情况,即有的养老需求高的地方可能养老资源短缺,而也有的地方养老资源丰富但养老需求匮乏。如书中指出,"对于老年人来说,养老面临的最大矛盾是资源供需的极度不平衡"(116页)。作为长三角一体化战略下的人口老龄化应对策略,针对长三角地区养老需求和养老资源之间存在的相互错位的态势,本研究提出了"异地养老"的对策建议,即"引导老年人向养老服务资源丰富且老龄化程度较低的地区转移并进行异地养老"(122页)。并且,特别提出了"加快推进上海老年人在长三角区域内异地养老"的对策意见(132页),"引导上海老年人向附近或距离较近且养老需求较小、养老服务资源相对充足的区域转移,例如向老龄化冷点地区养老需求相对较小的合肥、金华及苏州等转移"(123页)。

但与此同时,作者也清晰地意识到,异地养老尽管在理论上具有缓解养老需求和养老资源的错位缺陷的作用,增强二者的互相匹配性,"实现供需双方有效对接"(126页)。但在实践中,作为一种"新型的养老模式"(134页)还是面临许多需要克服的难题。行政区划的障碍形成无形壁垒;身处异地人生地不熟,难于融入;收入来源萎缩,不敢消费;跟不上通讯技术翻新,苦于网上操作,陷入"数字鸿沟"的窘境,等等,其中最突出的莫过于异地医保的问题。

正如作者所指出的,"对于健康状况日趋下降的老年人来说,医疗保健是影响老人晚年生活质量最重要的因素"(125 页)。但是,在异地养老中,异地医保中遇到的难题也是最多最突出的。看病费事,就医不易,政策不一,报销烦琐,书中为此呼吁要"推动医疗适老化改革"(143 页),加速"长三角区域异地医保服务一体化"建设(124 页)。

可以相信,如果能在求医、取药、转诊、结算、报销等一系列的环节为异地养老的老人们打开一个个异地医保的方便之门,那么异地养老就可能越来越成为老人们的心意选择,异地养老作为应对老龄化的对策将越来越成为长三角大地上的现实。为此,作者在书中用了二章的篇幅(第五章、第六章)从多个方面展开了讨论并提出了相应的建议。

区域化养老战略研究作为应对人口老龄化的重要举措,是一个有着深远涵义的大题目,本专著以长三角为例做了很好的探索。但也不能期望在一本专著中就能完成对区域化养老战略的全部研究,专著对长三角地区人口老龄化时空分异特征及应对策略研究课题而言可以是一个终结,但对区域化养老战略研究恐怕更应该看成是一个开题之作。对于人口老龄化的变化趋势及其影响需要继续不断地关注,对于异地养老策略在各地的实践经验和面临的问题需要继续不断地深入调研。

我们祝贺吴连霞著《长三角地区人口老龄化时空分异特征及应对策略研究》的出版,同时,我们期待着吴连霞副教授和她的团队再接再厉,在未来有更多更深入的研究成果问世,为应对低生育率下人口老龄化的挑战贡献更多的佳作。

顾宝昌(复旦大学老龄研究院)
2023 年 12 月于天来泉

# 目　　录

摘　要 ·········································································· 1

第一章　理论基础与国内外研究进展 ····························· 1

　第一节　概念界定与类型 ·········································· 1

　第二节　理论基础 ··················································· 4

　第三节　国内外研究进展 ·········································· 8

　第四节　研究背景与研究意义 ··································· 16

第二章　长三角地区不同尺度人口老龄化时空演变及驱动机制 ············ 20

　第一节　长三角省域人口老龄化发展趋势与空间差异 ············· 21

　第二节　长三角市域人口老龄化空间格局 ··················· 35

　第三节　 长三角县域人口老龄化空间格局 ··················· 40

　第四节　长三角市域城、镇、乡人口老龄化空间格局演变及其驱动机制 ······ 60

### 第三章　长三角地区养老服务资源的空间配置 …………………… 96

第一节　养老保障资源 ………………………… 97

第二节　生态环境服务资源 ………………………… 99

第三节　经济保障资源 ………………………… 101

第四节　医疗服务资源 ………………………… 102

### 第四章　长三角地区老年人口与养老服务资源配置的匹配关系 ……… 104

第一节　养老服务资源与老年人口耦合关系综合评价 ………… 104

第二节　养老保障资源与老龄化的耦合度 ………………… 109

第三节　生态环境服务资源与老龄化的耦合度 …………… 111

第四节　经济保障资源与老龄化的耦合度 ………………… 112

第五节　医疗服务资源与老龄化的耦合度 ………………… 114

### 第五章　一体化进程中长三角养老服务资源配置优化与合作发展建议 …… 116

第一节　加强长三角区域养老服务资源优化配置的顶层设计 ……… 116

第二节　长三角一体化战略下养老服务资源配置优化路径 ……… 119

### 第六章　长三角地区积极应对人口老龄化的策略 ………………… 128

第一节　长三角地区不同尺度人口老龄化的应对策略 ……… 128

第二节　加快推进上海老年人在长三角区域内异地养老 ……… 132

第三节　帮助老年人跨越"数字鸿沟",提高互联网利用率 ……… 135

第四节　促进老人社会参与和交往,实现积极老龄化和健康老龄化 ……… 140

第五节 加快实现健康老龄化,当务之急推动医疗适老化改革 …………… 143

第六节 关注丧偶老人及老年人家庭关系,降低老年人孤独感 ………… 146

第七节 实现老年人经济来源多样化,增强抵御老年贫困风险能力 …… 152

第八节 促进银发经济发展,推动合理消费投资 ……………………… 158

第九节 全面把握老人旅游特征,推进银发旅游供给侧改革 ………… 162

第七章 结论与讨论 ……………………………………………………… 167

第一节 结 论 ………………………………………………………… 167

第二节 讨论与不足 …………………………………………………… 172

参考文献 ………………………………………………………………… 175

# 摘 要

长三角地区作为中国经济社会发展的先行地区,人口转变最早,人口老龄化问题严峻。受地区经济发展水平高低、人口增减、资源禀赋差异、家庭结构转变及孝道文化变迁等影响,长三角地区老年人口的养老问题及养老服务状况千差万别。上海是全国最早进入老龄化的城市,2020 年,60 岁及以上户籍人口比重达到 36.1%。同时作为长三角的核心,上海又是国际化大都市,常住人口达到 2487.09 万人,人口高密度集聚与老龄化引发的"大城市病"和养老压力在此充分体现,已成为限制上海养老事业发展及经济社会发展的瓶颈。利用长三角广阔的腹地统筹布局养老服务资源,激发养老服务资源潜力,是上海积极应对人口老龄化的重要课题;长三角区域内各地区差异大,为整合资源、优化资源配置及人口流动等奠定了基础。因此,长三角养老服务合作及异地养老逐渐成为重要的城市发展战略。习近平总书记考察上海重要讲话中提出长三角三省一市要增强大局意识、全局观念,抓好《长江三角洲区域一体化发展规划纲要》贯彻落实。长三角一体化作为新提出的国家战略,不仅对经济发展有重要促进作用,而且对于包括养老服务在内的社会管理和服务系统的区域协作具有非常重大的现实意义。当老龄化先于经济发展时,老年人口养老服务资源配置问题会不断凸显。在长三角一体化上升到国家战略的新时期,促进长三角区域养老服务一体化与资源空间配置迫在眉睫。合理改善养老服务资源空间配置是探索解决中国养老实际问题的切实可行方案,具有非常重要的现实意义。长三角人口老龄化以中度老龄化阶段为主,研究老年人口空间分布特征与养老服务资源优化配置将具有国家战略意义和示范效应。此外,在长三角一体化战略背景下,推进上海市在长三角区域内异地养老,能够有效缓解上海市养老压力,并有利于促进长三角区域内养老服务体系一体化发展。

本研究融合地理学、社会学、人口学、管理学等交叉学科的理论与方法,在梳理国内外老年人口分布与养老服务资源配置研究进展的基础上,界定养老服务资源的概念及其类型划分,将养老服务资源分为养老服务物质资源和养老服务精神资源,养老服务物质资源又可细分为养老保障资源、生态环境服务资源、经济保障资源以及医疗服务资源四种类型。由于部分数据难以准确搜集,本研究重点分析长三角地区养老服务物质资源中的养老保障资源(选取万名老人拥有养老设施作为指标)、生态环境服务资源(选取万名老人拥有公园绿地面积作为指标)、经济保障资源(选取万名老人城镇职工基本养老保险参保人数作为指标)、医疗服务资源(选取万名老人拥有医疗床位数作为指标),暂不分析精神文化资源。

本研究主要基于第五次到七次全国人口普查数据、地方统计年鉴及地球大数据等数据,综合运用老年泰尔指数、人口集聚度、空间聚类分析、冷热点分析、灰色关联法、耦合度模型、耦合协调模型、时空地理加权回归模型(GTWR)等方法,借助 GIS 软件,从空间视角和供需平衡视角,分析 2000—2020 年长三角不同尺度人口老龄化的时间演化、空间格局及差异特征,揭示长三角市域尺度养老服务资源的空间布局规律及其非均衡性,综合评价 2020 年长三角区域、市域等不同尺度养老服务资源的空间配置及其与老年人口的耦合关联性,探讨长三角地区老年人口与养老服务资源的空间差异及其空间匹配关系,揭示长三角老年人口与养老服务资源配置的空间分布规律,分析老年人口与养老服务资源配置的匹配关系与划分类型,提出在长三角一体化进程中长三角养老服务资源配置优化路径以及养老服务合作发展的政策建议。聚焦有意愿异地养老的老年人,重点分析其异地养老的障碍,提出长三角一体化背景下上海老年人异地养老意愿的提升路径,以期为中国老年人口分布与养老服务资源配置的进一步深入研究提供参考,为统筹养老服务资源布局、实现养老地区均衡发展与资源充分有效利用提供实证依据,为推进长三角养老一体化发展提供决策建议,为中国打破行政区划、利用区域联动一体化解决特大城市养老问题提供科学的探索经验。同时,本研究可以丰富养老服务均衡发展、可持续发展、资源共享以及区域一体化等理论内涵,为老年学发展奠定理论基础,为以交叉学科视角研究老龄问题提供实证依据。本研究有利于实施积极应对人口老龄化战略,加快推进上海老年人在长三角区域内异地养老,实现从"地域性""碎片化"老龄社会治理模式向"联动性""一体化"老龄社会治理模式转变。

**本研究得到的结论:**

(1)长三角地区不同尺度人口老龄化的时空特征及其驱动机制为:①在省域方面,长三角地区已经进入人口老龄化加速发展阶段,老龄化速度高于全国水平。低龄老人规模的增长远远超过高龄老人。户籍人口老龄化程度省市间差距较大,上海程度最高、增速最快,安徽最低。人口寿命延长伴随居住方式变化导致纯老家庭和独居老人比例增加,失能、半失能老人比例上升。长三角省域人口老龄化空间差异扩大,区域间差异与江苏内部差异较大。②在市域方面,长三角市域以老龄化中度阶段为主、初级阶段为辅,处于重度老龄化阶段的南通与泰州需在养老服务资源配置时给予适当倾斜;上海老年人口聚集度远高于其他地区,上海老年人养老需求远高于其他地区;南通、盐城、泰州以及扬州等热点地区的养老需求较大,合肥、金华及苏州等冷点地区养老需求较小。③在县域方面,长三角县域老龄化系数与老少比整体上升,且范围不断扩大;长三角县域人口老龄化差异明显,且呈扩大趋势;长三角县级单元人口老龄化存在集聚现象,但集聚程度明显减弱;长三角县级单元老龄化系数和老少比空间集聚类型均以高高集聚和低低集聚为主;长三角县级单元老龄化系数和老少比水平热点区以东部为主,北部和南部为冷点区。④从市域城、镇、乡方面看,长三角市域城、镇、乡的老年人口比重普遍增加,乡村增幅明显高于城、镇。长三角地区老龄化空间差异显著。长三角地区市域老龄化程度形成东部和中部高的格局,城区老龄化程度形成东高南低的格局,镇区和乡村形成中部高、南北低的格局。人口自然增长的减缓推动人口老龄化且作用趋于增强,社会经济因素城乡差异明显。长三角市域城区老龄化驱动机制由东西分异向南北分异转变。镇区老龄化人口因素、经济发展水平由东西分异向南北分异转变,医疗卫生水平、受教育水平、自然条件保持南北分异,城镇化水平保持东西分异,乡村老龄化驱动机制主要作用在西北部地区和东部地区。

(2)长三角地区养老服务资源的空间分布特征为:养老服务资源空间差异大。①在养老保障资源方面,南通、泰州等地养老保障资源供给严重不足,湖州等地养老保障资源最多,上海属于中等。南京、上海、湖州等地养老保障资源供给差异最大,铜陵等地差异最小。②在生态环境服务资源方面,南通、盐城等地生态环境服务资源供给不足,黄山、舟山、南京等地的资源最多。③在经济保障资源方面,经济欠发达的六安等地经济保障资源供给严重不足,经济发达的上海等地经济保障资源最高,南通、泰州等地经济保障资源属于中间类型。④在医疗服务资源方面,南通等地医疗服务资源供给严重不足,杭州等地医疗服务资源最多,上海医疗服务资源属于中间类型。

(3)长三角地区老年人口与养老服务资源配置的匹配关系:长三角区域老年人口与养老服务资源的总体耦合作用较强,市域尺度上全区域划分为三种类型,其中较高耦合关联区囊括了长三角超一半的市域,广泛分布于该区域的东南部、南部与北部,中等耦合关联区主要集聚于该区域的东部和西部,高关联区仅徐州市和连云港市两地,其老年人口与养老服务资源耦合作用极强,但只能说明该区域两者关联非常密切,至于是协调耦合还是两者矛盾极大尚需进一步研究其匹配关系。各项具体养老服务资源与老年人口的匹配关系:①长三角地区养老保障资源与老龄化以中、高耦合(中级适配、高度适配)类型为主,但南通、泰州等地养老保障资源与老龄化高度不耦合(严重错配),湖州、南京等地中度耦合(中级适配),上海、常州等地高度耦合(高度适配)。②长三角地区生态环境服务资源与老龄化以高度耦合类型为主,但南通、泰州、金华、杭州等地高度不耦合(严重错配),湖州、南京等地低度耦合(勉强适配),苏州、上海、常州等地高度耦合(高度适配)。③长三角地区经济保障资源与老龄化以中度耦合(中级适配)为主,分布在无锡、湖州、扬州、镇江等地,杭州市等地高度不耦合(严重错配),上海、南京、南通、泰州等地低度耦合(勉强适配),常州、徐州、蚌埠等地经济保障资源与老龄化高度耦合(高度适配)。④长三角地区医疗服务资源与老龄化以高度耦合(高度适配)为主,如上海、湖州、嘉兴等,但金华、六安、杭州等地医疗服务资源与老龄化高度不耦合(严重错配),南通、泰州等地医疗服务资源与老龄化不耦合(一般错配),苏州等地低度耦合(勉强适配),黄山、舟山等地医疗服务资源与老龄化中度耦合(中度适配)。

(4)长三角地区养老服务资源空间配置优化对策:加强长三角区域养老服务资源优化配置的顶层设计包括完善养老服务资源优化配置的制度、组织保障以及人员保障。应根据养老需求特征,坚持"以人为本、统筹规划、平衡发展、均等服务、持续发展、高效利用"的原则,创新工作思路,对养老服务资源配置进行合理规划,促进老年人口与社会事业协调发展。长三角一体化进程中养老服务资源配置优化路径分为本地养老和异地养老两种情况。针对老年人本地养老,提出加强养老服务合作、调节养老服务资源在空间上的配置,逐步实现长三角养老服务一体化相关标准的统一,建立长三角养老服务业信息提供和服务管理综合平台,加快养老产业发展,提升智慧养老服务水平等政策建议。针对异地养老,提出优化养老服务资源配置的路径:引导老年人向养老服务资源丰富且老龄化程度较低的地区转移并进行异地养老;建立多部门联动机制,推进长三角区域协作;推进长三角异地医保服务一体化,加强医疗服务资源空间合理配置;加强区域养老数据信息共享,推行多项便民便捷服务;"沪—昆"一体化养老合作模式试点推进。

(5)长三角地区不同尺度人口老龄化应对策略:在区域尺度上,加快推进"一体化"老龄治理模式;在省域尺度上,各省发挥各自优势,江浙沪带动安徽省经济提升,安徽省发展老龄产业,承接老年人口,缓解人口老龄化压力;在市域尺度上,长三角各城市应优化人口结构和养老服务体系,依据老年人口集聚度改善设施配置,构建老年友好城市;在县域尺度上,推进以县域为主体的新型城镇化建设,优化养老服务;在城、镇、乡尺度上,以城带镇,以镇带乡推动经济发展,重点改善乡镇教育和医疗水平,优化老年人口生活环境。长三角区域内异地养老成为上海老年人的新选择,具有较大的优势和潜力。长三角区域异地养老存在诸多障碍,如行政区划分割严重,养老尚未形成统一规范标准,区域内资源流通不完善,老年人心理观念与身体机能特殊性阻碍老年人流动等。因此,针对长三角区域内异地养老提出了健全异地养老法律法规体系,转变传统养老观念,完善制度保障,构建统一标准,推动医疗、交通、养老机构等多领域一体化协同发展,健全资源互通机制等建议。同时,帮助老年人跨越"数字鸿沟"、提高互联网利用率,促进老人社会参与和交往,推动医疗适老化改革,推动积极老龄化和健康老龄化,关注丧偶老人及老年人家庭关系,降低老年人孤独感、提高幸福感,实现老年人经济来源多样化,增强抵御老年贫困风险能力,全面把握老年人旅游特征,推进银发旅游供给侧改革,促进银发经济发展。目前我国进入中度老龄化社会,人口红利的消失给经济社会带来诸多挑战。促进银发经济发展是积极应对人口老龄化的有效举措,也是加快经济发展方式转变的必然要求。推动银发经济的发展,有利于满足老年人口在消费与投资方面的特殊需求,提高生活质量,增进生活福祉。老年人在医疗保健方面支出较多,应增加公共养老服务资源配置,完善养老与医疗的保障体系,让老年人有足够的资金在其他领域消费。此外,在投资理财方面,老年人理财意识较弱,投资理财活动形式较为单一。应引导老年人树立科学的投资观念,加强老年金融支持服务,推动老人合理投资理财。

**本研究可能的创新点:**

(1)视角与目的亮点:突破传统人口学视角,从空间视角和供需平衡视角深入分析老年人口与养老服务资源的空间差异性,探讨长三角老年人口与养老服务资源配置的匹配关系及其空间优化,探究老年人口和养老服务资源与当地经济社会发展的匹配关系,以期实现养老地区均衡发展与供需平衡发展,为养老公平和资源有效利用、避免部分地区资源浪费或资源紧缺提供科学依据,为应对人口老龄化及其与经济社会协调发展提供科学建议。

(2)方法亮点:传统的数据分析无法区分各地老年人口和养老服务的空间集聚性及邻近区域间的相互作用,本研究将地理学的空间分析方法运用到老年人口与养老服务研究中,并融合地理学、社会学、人口学、管理学、经济学等交叉学科的理论与方法,运用定性分析与定量分析相结合的方法,基于人地关系理论、均衡发展理论等进行长三角老年人口与养老服务研究,具体方法有:文献分析法、泰尔指数、老年人口集聚度、空间聚类分析、冷热点分析、灰色关联法、耦合度模型、耦合协调模型及时空地理加权回归模型(GTWR)等。

(3)数据亮点:本研究结合 GIS 软件,将传统的人口普查数据资源、地方统计服务资源年鉴等数据与地球大数据相结合,搜集 2020 年长三角各地养老保障资源、生态环境服务资源、经济保障资源、医疗服务资源这些养老服务资源数据,利于更深入、更准确地探析长三角养老服务资源配置状况及其与老年人口的匹配情况,为研究顺利进行提供最新且可靠的数据支撑。

(4)政策建议亮点:从老年人当地养老和异地养老两方面开展长三角养老服务合作与资源优化研究,前者注重养老服务资源整合与配置空间优化,后者注重养老服务一体化政策支撑与合作机制探究,从而为异地养老提供保障和条件。同时,将上海老年人养老服务放到长三角一体化角度上进行养老服务空间联动与合作研究,将养老问题由"碎片化"治理转向"一体化"治理,突破以往就城市问题探讨城市应对策略的研究瓶颈,从区域联动性、一体化视角及将城市放置到区域等更大格局中探讨其政策建议。

**关键词:**人口老龄化　时空分异　养老服务资源　空间配置　异地养老
应对策略　长三角地区

# 第一章　理论基础与国内外研究进展

## 第一节　概念界定与类型

### 一、养老服务资源概念界定与分类

"养老资源"一词是随着社会福利改革而出现的新兴概念,2000 年前后,中国提出"社会福利社会化",颁布《社会福利机构管理暂行办法》《老年人社会福利机构基本规范》,之后还成立了中国社会福利协会老年服务工作委员会。社会福利旨在提高老年人的生活质量和精神水平,使他们能够拥有更好的环境安享晚年(张文亮 等,2019)。中国学术界对于养老服务资源的研究开始于穆光宗教授。2000 年,穆光宗认为养老资源是支持老年人养老可获得的一系列条件的总和,这里的条件包括人口、伦理、时间、经济等方面(穆光宗,2000)。2005 年,柴效武从软硬件资源方面重新定义了养老资源,将养老金等传统养老资源定义为硬资源,将国家、社会、家庭等所提供的养老资源(例如国家层面的相关制度)定义为软资源(柴效武,2005)。2018 年,赵东霞将养老资源构成因素广义地定义为:存在于自然界和人类社会中的一切能够被人类利用,并实现全体公民养老需求保障的物质和精神要素的总和。同时,根据养老资源要素自身特性,将养老资源分为生态环境保障资源、经济保障资源、养老保障资源、医疗服务资源以及精神文化保障资源五大类型(赵东霞,2018)。由于国内学界目前还没有一个关于养老资源的规范化定义,学者们对于养老资源配置的研究并不系统完整,因此亟需进行养老资源、养老服务资源等概念的界定与理论内涵的阐释。

本研究在上述学者研究的基础上,将养老服务资源定义为:世界上一切能够被人类利用来为全体公民提供养老服务保障的物质与精神资源总和。同时,将养老服务资源分为养老服务物质资源和养老服务精神资源,养老服务物质资源又可细分为养老保障资源、生态环境服务资源、经济保障资源以及医疗服务资源四种类型。由于部分数据难以准确搜集,本研究重点分析长三角地区养老服务物质资源中的养老保障资源(选取万名老人拥有养老设施作为指标)、生态环境服务资源(选取万名老人拥有公园绿地面积作为指标)、经济保障资源(选取万名老人城镇职工基本养老保险参保人数作为指标)、医疗服务资源(选取万名老人拥有医疗床位数作为指标),暂不分析精神文化资源。

## 二、关于异地养老概念及其内涵的辨析

### (一)概念界定

异地养老模式是现今较为流行且比较时尚的新型养老模式,异地养老不是我国本土的产物,而是国外相对发达的养老产业链的组成部分,最早定位于社会福利性质的服务,国外自19世纪60年代开始,如今已相当成熟,然而被国内学者关注不过10余年时间,主要指老年人离开现居住地到外地居住的养老方式。2003年,大连同泰老年机构的贾钢最先提出异地养老概念并定位于养老机构间的服务(姜向群,2006),目前尚无关于异地养老概念的统一描述。归纳起来诸学者在异地养老中老年人的年龄、异地居住时间及流动空间等方面存在分歧。在年龄上,政府部门对于"老年"的年龄划分不统一,分别以普遍认可的65岁或60岁、亦有以50岁(李芬,2016;钱旦旦,2018)以及适龄老年人(宋媛,2018)作为异

地养老的起始年龄。在时间上,包括到目的地居住 10 天以上(阎萍,2006)、相对较长时间且非包括三五天(姜向群,2006)、一个月以上(李芬,2016)、三个月以上(王树新,2006)、离开长期居住地半年以上(冯宠,2018)几种情况。在空间上,包括离开户籍所在地 10 公里以外(阎萍,2006)、跨市县(李芬,2016)、县级以上(姜向群,2006)等。

本研究认为异地养老与本地养老相对应,是指 60 岁及以上老年人离开原长期居住地(中国特指原户籍地)、跨地区(县级以上)到外地居住一个月以上进行的养老行为。

(二)概念辨析

只有在厘清概念的基础上,才可能理性并进一步分析老年人选择异地养老的动机等。异地养老者与老年流动人口皆具"流动性"和"老年"属性。老年流动人口除异地养老者外,还包括异地打工、短期旅游和休闲度假等。随迁老人(老漂族)是指随子女迁居到城市生活、投奔子女或帮助子女且户籍不变的老人,客观上也达到养老目的,因此属于异地养老者(何惠亭,2014)。候鸟老人指周期性地往返原居地与养老地的老年人。部分随迁老人会随季节在原居住地与子女居住地间流动,与候鸟老人有一定交叉重合(李芬,2016)。四者关系如图 1.1:

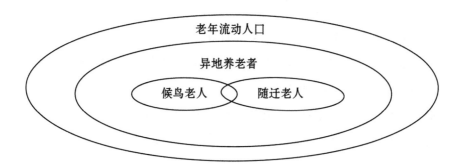

图 1.1 老年流动人口与异地养老者、候鸟老人、随迁老人的辨析

（三）关于异地养老的类型划分

国外研究发现,异地养老按时间长短可划分为放弃原籍型、生命周期型、季节型、短期度假型(Litwak,et al.,1987;Longino,1990;O'Reilly,1995)。按地域可划分为跨国型(Gavin,2008;Fokkema,et al.,1996)和国内型,其中国内型又可进一步划分为沿海型、乡村型和第二居住所等(Friedman,1951;Cohen,et al.,1992;Champion,et al.,2006;Venturoni,2004)。

国内研究发现,根据异地养老的阶段性和目的性可分为四种类型:生活享受型(60—69岁)、投靠子女型(70—79岁)、子女吸引型、机构养老型(80岁及以上)(王树新,2006)。依据异地养老目的、组织方式综合因素等,异地养老分为个人自我完善型与家庭聚合型,前者包括1个月以上的旅游观光型、养生休闲型及疗养度假型等,后者包括子女随迁型和返乡型(李芬,2016)。

# 第二节　理论基础

## 一、马斯洛需求层次理论

马斯洛的需求层次结构是心理学中的激励理论,包括人类需求的五级模型,通常被描绘成金字塔内的等级。从层次结构的底部向上,需求分别为:生理、安全、社交需要、尊重以及自我实现。了解人们这些不同层次的需求对于研究为老年人提供何种服务以及如何提供服务至关重要,满足老年人多元化的需求,是积极应对人口老龄化的必然选择。按照马斯洛需求层次理论,要满足老年人的需求,首先要满足其生理需求和安全需求,其次才会上升至精神养老需求。

## 二、供需平衡理论

需求是指在特定的时空范围内,消费者渴望以及能够购买的产品数量。供给是相对需求而言的，是在特定的时空范围内，生产者愿意并能够提供的产品数量。供给是由生产商的生产成本、生产技术、产品价格等要素共同决定的。供需平衡是指消费者的需求与生产商的供给达到均衡状态。动态一般均衡理论是指经济系统在运行过程中，虽然各种要素作用的程度不同，但是要素彼此之间会相互影响，由此使得各要素发挥的作用逐步达到统一，最终使经济系统的运行趋于稳定、和谐。该理论强调各要素的相互作用，强调供需关系在系统运行时的变化与博弈。静态一般均衡理论由瓦尔斯学者提出，其表示，在整个市场体系中，会存在一个既定的价格来维持市场的平衡，引导人们作出理性决策。通常情况下，静态均衡是一种理想状态，只有在信息完全对等、价格敏感等完美状态下方可实现。本研究采用的供需平衡理论主要是指动态平衡，对于老年人来说，养老面临的最大矛盾是资源供需的极度不平衡。政府与社会提供的养老服务资源存在配置不均衡、利用率不高、功能发挥不全、结构不太合理等问题，该理论对于长三角地区养老服务资源空间配置优化具有科学指导作用。

## 三、福利多元主义理论

福利多元主义理论主张政府并不是社会福利的唯一提供者，强调要建立集政府、市场、家庭等共同作用、共同承担的多元福利主体。福利是社会发展的产物，是社会所有主体的共有财产，因此并不能完全由政府承担。政府需在社会福利供给过程中发挥主导作用，通过制定一定的政策规范福利管理，同时引导其他社会主体提供有用的福利产品，以全方位、多角度满足人类社会的需求。此外，在福利供给过程中，政府也需要适当地放权与放轻管制，积极地引进市场竞争机制，鼓励其他供给主体相互补充、良性竞争。总体而言，福利多元主义否认了政府在社会福利的垄断性，主张社会福利市场化、福利主体广泛化，鼓励市场及其他社会组织积极参与到社会福利的供给中来。老龄化问题尤其是养老问题涉及政治、经济、文化以及社会生活的方方面面，目前中国社会养老服务体系尚处于初级阶段，不同地区之间养老保障水平差异较大，若由国家单独承担养老事业资金投入则过于困难，因此本研究提倡基于多元福利理论进行长三角地区养老资源配置,充分发挥国家、商业、志愿者以及家庭等多元主体作用,以便更好地提供养老服务保障。

### 四、公平与效率理论

公平与效率是经济学中最具争议性的话题,资源的优化配置应该兼顾公平与效率。罗尔斯的正义中有两个正义原则,第一个是追求个人权利的平等。第二个适用于收入和财富的分配,体现社会机会的平等和财富收入的平等。第二个原则适用于养老服务资源的公平配置。效率从管理学的角度来讲,是指在单位时间内,投入与产出的比例。公共产品的效率包含两方面:生产效率和配置效率。前者指的是生产或者提供服务的平均成本,后者指的是产品和服务是否能够满足不同人的需要。本研究运用公平和效率理论,为长三角养老服务资源耦合评价提供科学依据,同时也为进一步改善长三角区域不同市域养老服务资源空间配置的公平性和效率性、提高其社会效益和经济效益提供理论基础。

### 五、耦合协调发展

耦合(Coupling)是一个源于物理学上的概念,指两个或两个以上系统或运动方式之间通过相互作用而彼此影响以致联合起来的现象,在各子系统间的良性互动下,子系统间存在相互依赖、相互协调、相互促进的动态关联关系。本书把这一物理学概念应用于人文地理学,将老年人口与养老服务资源作为区域社会经济发展过程中的两个系统有机联系起来进行研究。

耦合度(Coupling degree)是对两个及以上模块(系统)间关联程度的度量,反映了两个或多个系统之间的密切关系程度,即互相依赖的程度。耦合度与协调度(Coordination degree)不同。协调度是系统或系统内部各要素之间在发展过程中相互和谐一致程度的度量,体现了系统由无序走向有序的趋势,是协调状态好坏程度的定量指标。人口与经济是否协调发展已引起学者们的关注。纵观已有研究可发现,不少学者采用协调度来分析协调发展的情况,协调度(在0—1之间)达到某一值就协调,达不到某一值就不协调,在此基础上进一步分类或提出协调发展的建议措施(于潇、崔仟长,2011;Zhang, et al. ,2008;陈正,2006;李芳林等,2013）。但耦合度不同,耦合度只说明两者间关系的密切程度,但两者之间是因相互协调而密切,还是由于矛盾非常大而密切,尚需进一步研究。例如,研究人口与经济发展的耦合度时,耦合度越高,只能说明两者的关联作用越强,但包括两种情况:①两者越趋于同步发展——趋向协调;②两者矛盾冲突非常激烈——趋向非常不协调,需要大幅度改变现状（扭转其中一个发展总方向或两者都需要改变使两者向共同的方向发展）才有可能协调。同理,耦合度越低,只能说明两者关联作用越弱,亦包括两种可能:①两者平行同向发展,但相关性较小;②两者异向发展——不协调,需要改变其中一个的发展方向才可以使两者协调。因此,耦合发展研究有利于更深入地研究问题、挖掘问题本质（吴连霞 等,2015）。本研究将采用灰色关联法建立耦合模型进行长三角地区人口老龄化与养老服务资源的耦合协调发展评价研究,以期深入挖掘该区域各地人口老龄化与养老服务资源配置的耦合状况。

### 六、区域一体化理论

早期的主要区域一体化理论可追溯到 20 世纪 30 至 40 年代的关税同盟理论,经历了漫长的过程,发展成为国际经济一体化理论中占据主导地位和最完善的理论之一。维纳（Viner）提出关税同盟理论,首次运用定量方法分析贸易创造与贸易转移,提出关税同盟的"贸易创造"和"贸易转移效应"影响全球福利水平,奠定了关税同盟理论在经济一体化理论中的重要地位。20 世纪 60 至 70 年代,罗布森（Robson）提出自由贸易区理论和共同市场理论,自由贸易区的"贸易偏转"将保持全球福利水平,同时自由流动的要素有助于形成统一的市场。20 世纪 90 年代,区域一体化的理论研究已经不再局限于国际贸易和政治关系的讨论,新区域主义、新经济地理学、新制度经济学等不同流派为区域一体化注入新的活力,伴随新区域主义、中心—边缘理论、交易费用理论、制度与制度变迁理论以及公共选择理论等的相继提出,区域一体化进入新理论时期。在全球化进程下,区域一体化具备了新内涵:当今世界的一体化不再只是国家政府驱动下平衡国家利益的手段,也是国家政府、企业和国际组织等多种行为主体交互作用的过程。区域一体化合作日趋多样化,区域合作机制日趋多元化。区域一体化作为促进生产要素充分自由流动、实现生产要素的优化配置和提高整体的经济效率的实质,其结果是形成一个不受地域限制的,且产品、要素、劳动力及资本自由流动的统一市场,最终目的是促进整个区域经济利益最大化和形成强劲的外部竞争力(王珏、陈雯,2013)。区域一体化理论可为长三角地区整合养老服务资源提供理论基础。

# 第三节 国内外研究进展

## 一、人口老龄化时空特征研究

### (一)人口老龄化发展趋势研究

人口老龄化已经成为国际关注的问题,是人口再生产模式由传统型(高出生率、高死亡率、高自然增长率)转向现代型(低出生率、低死亡率、低自然增长率)的必然结果,也是近十几年来国内人口学、经济学等领域中的热门话题。1999年中国65岁及以上人口为8679万人,占总人口的6.9%(约7%),开始进入老龄化社会之后,老年人口的数量不断增加。2009年中国65岁及以上老年人口已达到1.13亿人,占亚洲老年人口的39.24%,占世界老年人口的20.76%。2020年,65岁及以上人口为1.90亿人,占全国总人口的13.50%。自1996年以来,生育率的降低以及人均预期寿命的延长导致全球老年人口大量增加和人口老龄化迅速发展,人口预测也表明在未来几十年间全球人口老龄化速度将不断加剧。人口老龄化已成为世界人口发展的一个大趋势,发达国家率先进入老年型社会,并在缓慢的人口转变中迎来高度老龄化,发展中国家虽然迈入老龄化社会较晚,但速度很快。新中国成立70年来人口平均预期寿命明显增高(桂世勋、陈杰灵,

2019），有关专家预测 2000—2025 年间发展中国家老年人口增长的速度将会是
发达国家的两倍多，成为今后世界老龄化进程中的主力军（李兵 等,2010），其
中,亚洲的老年人数量将在 2050 年达到 12 亿人,占全球老年人口总量的 60%;
而中国 60 岁及以上老年人口的数量也将从目前的 1.67 亿人增长到 4 亿人以上,
分别占中国人口总量的 30% 以上,占世界老年人口总量的 20% 以上。预计到
2050 年中国 65 岁及以上老年人口将达到 3.18 亿人,老龄化达到 23.2%（杜鹏
等,2005）。有学者在充分考虑全面二孩政策影响的基础上,通过对中国 2015—
2100 年人口规模及结构变动趋势进行预测,60 岁及以上人口将在 2053 年左右达
到高峰（约 4.82 亿人）,此后将逐年减少,但至 2100 年仍将达 3.7 亿人,65 岁及
以上人口将于 2058 年左右达到约 3.85 亿人的峰值,此后逐年下降,但至 2100 年
仍将有 3.08 亿人,老龄化程度则在 21 世纪前半叶快速提升而后有所放缓,但
2100 年 60 岁及以上人口比重高达 37.92%,65 岁及以上人口比重攀升至
31.54%（翟振武 等,2017）。此外,谢安（2004）、杨光辉（2005）、陈卫和宋健
（2006）等学者亦对中国人口及老龄化发展趋势进行预测研究,均指出中国未来
人口老龄化将进一步加深。总之老龄化将成为未来社会的一种常态（彭希哲、胡
湛,2011）,是各界学者们所关注的焦点。

　　目前中国人口老龄化问题主要呈现以下特点:一是老年人口的绝对数量很
大。第七次全国人口普查（以下简称七普）数据显示,60 岁及以上人口为 2 亿
6402 万人,占 18.70%,比 2010 年上升了 5.44 个百分点。二是人口老龄化发展
速度快。一般西方国家从人口成年型国家进入老年型国家要经过 50—80 年,而
中国只用了不到 20 年（1981—2000 年）。高龄老年人口增长最快。从六普到七
普 10 年间老年人口增加了 8600 万人,表明我国人口老龄化正在进入一个快速增
长的通道（彭希哲,2022）。三是人口老龄化的发展速度大大超过经济发展速度,
属于"未富先老"。发达国家进入老龄化社会时,其人均 GDP 大都在 5000—
10000 美元以上,属于先富后老或富老同步,而中国在 1999 年进入老龄化社会
时,人均 GDP 仅为 1053 美元,仍属于中等偏低收入国家（赵媛 等,2015）。四是

地区差异大、省际差异大、城乡差异大。中国国土面积辽阔,各地自然环境与经济发展水平差异显著,人口老龄化的区域差异也十分明显(李日邦 等,1999;李秀丽、王良健,2008;王泽宇 等,2013;吴连霞 等,2018)。曾毅(2001)把中国人口老龄化总结为高速、高龄、老人数量大、老年抚养比大、地区差异大等特点,并针对养老保障提出相应的政策建议。杜鹏和王武林(2010)研究发现农村人口老龄化程度高于城镇,即城乡倒置明显。城乡老年人口绝对量总体呈增长态势,不考虑政策因素带来统计口径差异的影响,乡村老年人口始终高于城市,但增速较缓。老龄化"城乡倒置"呈现"缩小—再扩大"的阶段性特征(许昕 等,2020)。七普数据显示,老龄社会新形态下人口老龄化新特征表现为人口老龄化增长态势更加快速、老龄化程度持续加深、地区差异更加明显以及省际差异更加多样(陆杰华、郭芳慈,2021;原新、金牛,2020)。五是"未备先老"。中国应对老龄化挑战的主要障碍不全是"未富先老",而是"未备先老"或"慢备快老",现有治理模式、社会保障、医疗保障、公共服务等制度体系对人口老龄化变化仍缺乏结构化和系统性的反应及适应,相应治理研究亦存囿限(胡湛、彭希哲,2018;吴连霞 等,2018)。

(二)人口老龄化空间格局分异研究

不同地区的地理、经济、文化相差比较大,人口老龄化存在显著的区域差异。近年来,对人口老龄化空间分布特征及其地域差异的研究逐渐成为学术界关注的重点,也成为地理学者投入老年学研究的切入点(林琳、马飞,2007)。随着地理学的学科发展及其在社会科学中的应用,从地理学角度对人口老龄化的区域空间差异展开研究逐渐成为国内外学术研究的新热点。

19世纪后期开始,欧美发达国家相继进入了老龄化社会,故国外对老年人口空间分布问题研究较早(柴彦威 等,2006),老年人的数量和地理分布以及分布随时间的变化引起了国外学者的注意,老龄化的复杂性和空间差异性具有相当大的实践和理论意义(Sławomir Kurek,2011)。诸多学者进行了老年人居住及老龄化的空间分布差异研究,如Golant(1992)研究发现美国75%的老年人居住于都市区内部,其中 1/2 聚集于中心城区,Hilnter 等人(1974)以俄亥俄州托莱多市为例进行研究,表明内城老年人口密度较高,而郊区和新建城区较低,内城非老年人口流出是主要的原因;Cowgill(1978)对美国老城区和农村地区老年人口分布的区域差异进行了研究。Thomas O 等(1978)描述了 1950 年和 1970 年美国老年人集中的空间模式。Goodman(1987)基于美国匹兹堡、费城和巴尔的摩的老年人口数据,分析了其空间分异规律;Rogers 等(1990)对美国、意大利、日本和英国的老龄化的总体空间分布进行了对比。Kácerová 等(2012)采用聚类分析对捷克和斯洛伐克 1996 年与 2009 年的人口老龄化进行了比较。Mccarthy(1983)将老龄化进程分为残留集聚(年轻人迁出和老年人残留导致)、替代集聚(老年人迁入和年轻人迁出导致)以及汇合集聚(老年人与年轻人同时迁入导致)三种类型。辛启东等(2010)比较了中国老龄人口在社会人口统计学、健康和心理社会因素方面的城乡差异。

国内学者对老龄化区域差异与空间分布的研究成果丰富,内容充实,主要集中在全国、省域、县域等方面,全国层面的研究上,如于蜀和陈扬乐(2000)运用老龄年龄集中率与老龄地理集中率测度了我国 20 世纪 80 年代与 90 年代省际人口老龄化的进程速度与空间分布变化;艾薇等(2011)利用 1982 年、1990 年和 2000 年三次全国人口普查数据对中国人口老龄化的现状、特点进行分析;谭姝琳和贾向丹(2011)基于 1995—2008 年我国 31 个省区市的 65 岁及以上老年人口比重、老年人口抚养比以及各地区的 GDP 比重指标进行聚类分析,以此探讨我国省区市人口老龄化的地区间差异。此外,还有李日邦等(1999)、李秀丽和王良健(2008)、王泽宇等(2013)、孙蕾等(2014)、赵东霞等(2017)、陈明华等(2018)等学者分别采用偏移增长法、图表、方差分解法及空间自相关等方法对全国人口老龄化空间关联与区域差异进行了研究。

在省区市、县域等层面的研究上,如张晓青和李玉江(2005)从时空角度探讨山东省人口老龄化进程;张纯、曹广忠(2007)以区县为基本地域单元,对北京市老龄人口空间分布和老龄化程度的空间差异进行了探讨;文彦君等(2009)采用数据对比法、空间聚类分析、灰色关联分析等方法,对宝鸡市人口老龄化的基本特征、地域差异、空间分布进行分析;林琳和马飞(2007)利用模糊聚类分析方法对6项人口老龄化指标进行了分析,发现广州市人口老龄化的空间分布呈现三个圈层,并对人口老龄化程度进行了分类;赵东霞(2018)采用空间自相关模型分析东北三省市域人口老龄化时空演变特征,指出2005年、2010年和2015年市域人口老龄化程度逐渐加深,高集聚区由南向北扩大,东北未来人口老龄化"稀释"面临严峻挑战;周春山等(2018)采用因子生态分析方法、聚类分析方法划分老年人口社会空间地域类型,得出广州市人口老龄化空间分异可划分为8种类型区并呈圈层和扇形分布的特征;李扬等(2011)基于ESDA空间自相关分析,对北京市老龄人口分布的总体和局部空间差异的变化趋势和特征进行研究,表明人口老龄化同经济和社会发展一样具有比较显著的时空演变特征。还有学者如张纯、曹广忠(2007)、高晓路等(2020)对北京市人口老龄化与老年贫困人口的空间分布进行了研究。王录仓(2016)等基于县域尺度采用变异系数等对中国人口老龄化时空变化特征进行了研究。

## 二、养老服务资源概念内涵及空间配置研究

国外关于社会养老服务资源配置的研究起步较早,1933年W. F. Ogburn提出家庭养老功能呈现弱化趋势,应积极关注社会化养老服务;1956年William J. Goode提出城市化进程的推进使越来越多的女性流入就业市场,传统家庭功能发生转变后社会养老需求逐渐增加,养老服务资源的合理配置是积极发展社会养老服务的重要保障(Ogburn W. F. ,1932;Goode W. ,1956),养老机构的配置受到经济、政策等因素的影响(Gelepithis M. ,2018;Trujillo L. ,et al. ,2017)。在国外,由于国情以及文化差异,在面对人口老龄化的问题上,西方国家实行的是养老金制度。他们在应对老年人需求的问题上实行了机构养老、社区养老和居家养老方式。国外机构养老模式起步早,其经营制度和法律法规相对健全,加上较完善的评估体系,使养老机构能够在良好的市场环境下运作(Sun J. P. ,et al. ,2011);Bonenkamp从世界范围内养老金改革和人口老龄化两大趋势出发,探讨两者之间的关系。最终论证表

明,养老金改革可以被视为应对人口老龄化的最佳福利对策(Bonenkamp J.,et al.,2017)。Asher 评估了东南亚经济体的公共养老金计划以及其面临的关键问题,他认为加强公共养老金应该提高现有的公积金和养恤基金组织的专业水平,加强非缴款型预算供资养恤金的作用,对养老金改革采取系统的观点,制定养老金融资组合,最后通过探索卫生保健和养老金计划之间的互补性,提高有效覆盖面(Asher M & Bali A. S,2015)。Van 认为美国和荷兰的养老金制度都因其高资本化程度和对养老金缺乏实质性的投资限制,他们的养老金制度都是高度金融化的,并且伴随着自身的政治力(Van der Zwan & Natascha,2017)。

近些年来,随着社会养老服务的发展,国内学者对社会养老服务资源配置的合理性做了相应的研究。国内学术界对于老年人养老资源的研究起始于20世纪90年代,老年人口分布与养老资源匹配机制和空间优化研究紧随其后(周婷婷,2016)。国内学者在研究发达国家老年人口分布与养老服务资源空间配置的基础上,也逐步探寻适应中国国情的养老服务资源空间优化路径。随着研究技术的发展,中国学者从最开始的养老服务资源概念界定以及研究养老服务资源供需主体,逐步发展为研究养老资源的空间配置和优化。社会养老是具有潜力的优质的养老方式(许爱花,2010;马玉娜、顾佳峰,2018),随着人口老龄化的快速发展,城市养老机构的数量难以满足人们的实际需要(关信平、赵婷婷,2012),中国社会养老资源短缺、不同地区社会养老发展不均衡(董红亚,2011;王莉莉,2014)。社会养老在中国养老服务体系中占据重要地位,而养老机构数和床位数存在很大缺口,远不能适应社会养老的发展需求(穆光宗,2012)。不同省份的养老机构数和养老床位数分布有很大不同,社会养老资源不仅存在省际差异,也存在东、中、西部区域间差异。诸多学者研究了城市、社区、机构和农村等养老资源配置的现状并提出了相应优化建议(刘冠男,2014;谭英花,2014;唐丽娜,2018)。从目前的研究来看,社会养老服务资源配置问题已经成为学者们关注的热点问题。作为社会化养老的重要形式,其配置的差异性研究有着非常重要的意义。区域间及区域内部社会养老服务资源配置状况及差异性仍有进一步研究的空间。社会养老服务资源配置与人口老龄化有着密切的联系,在中国的养老服务体系中,社会养老的地位日益凸显,养老机构和床位的合理配置对促进中国养老服务均等化、应对老龄化具有重要意义。

### 三、异地养老意愿的影响因素与障碍研究

国外研究表明,优越的海滨环境和温暖的气候条件等自然条件是候鸟式养老的老年人选择异地养老的首要因素(Krout,1983;Stanley,et al.,2006)。除此之外,医疗水平、医疗救治和服务体系与异地养老决策呈正相关,如欧盟在全球经济一体化进程中,通过"欧盟第 2011/24 号患者跨境医疗权利指令"保障各国流动人口跨国就医权利、确保老人可领取异地养老金、凭借欧洲医疗保险卡实现异地就医、及时报销而吸引许多老年人到波兰等国家养老(Jeffrey,et al.,2016;I Kowalska-Bobko,et al.,2016)。宁静、舒适的田园乡村导致老人退休后出现"逆城市化"趋势而选择乡村养老(Cohen,et al.,1992;Neil,et al.,2014)。家庭因素导致老人经历丧偶等后跟随子女进行异地养老(Lit Wark,2001)。经济因素是拉美裔等地老年人"回流原籍"养老和澳大利亚等地老年人到马来西亚等地进行异国养老的主要原因(Alma Vega,2015;Bell,2016)。老年人口生命历程导致老年人异地养老大致经历低龄老人在身体健康且收入较高时选择环境较好地、丧偶或疾病时到子女所在地、高龄老人需高频照顾时选择养老机构三个阶段(Litwak,et al.,1987)。

国内研究表明,异地养老的意愿会受到诸多因素影响,概括起来包括内因和外因,内因为个人层面,外因则包括家庭层面、社会层面等。在个人层面,中低龄、健康好、有配偶、收入高(支付能力强)、男性、受教育程度较高的老人更易选择异地养老(丁志宏 等,2011;陈友华,2016),老人退休前单位性质、居住类型是影响跨省异地养老的重要因素(姜向群 等,2012),城市比乡村生存环境更好是影响异地养老的重要因素(吕丹娜 等,2012),适应力及心理等都会影响异地养老(袁开国 等,2013)意愿。在家庭层面,婚姻状态、家庭资源、亲属关系、居住距离等因素会共同影响异地养老,如有配偶、有子女的老人异地养老意愿更高(李

雨潼、曾毅,2018),缺乏经济和照料的支持、多代户和隔代户的老人异地养老意愿更高(丁志宏 等,2017;刘佩瑶,2015;李雨潼、曾毅,2018)。在社会层面,社会政策、养老保障、异地养老机构的质量、亲属网络外延度、养老金、政府福利性补贴等成为影响异地养老意愿的重要因素,其中养老金的影响最大(丁志宏、姜向群,2011;何阳 等,2016;王心羽,2017)。

在异地养老的障碍方面,国外研究发现,异地养老在异地养老保险迁移(Bei Lu,et al. ,2014)、异地医保政策与就医费用(Marc,2017)、社会适应性(Robert,2002)等方面存在问题。国内研究发现,异地养老在户籍、医保、养老金领取等方面存在弊端(刘志刚、李红,2014;胡宏伟 等,2015),且异地养老人群易产生人际沟通陌生感和疏离感等社会适应性下降状况(陈盛淦,2015;宁玉梅,2013)。

综上所述,国内外关于老年人口分布与养老服务资源配置领域的研究重点和研究脉络基本清晰,不同学者在探索养老服务资源的空间配置与优化问题中取得了一定的经验,为本研究奠定了扎实的理论和方法基础,但亦存在一些不足。在研究内容上,中国学界对于老龄服务的大多数研究都集中在供求关系上,对于养老服务资源配置的研究还处于开始阶段,不少学者从医疗卫生、养老制度方面进行论述,对养老服务资源的概念界定尚未达成共识,对老年人口与养老服务资源的耦合协调发展以及养老服务资源优化配置等研究较少,而这些内容恰恰是涉及老年人养老的重要问题。在研究方法上,缺乏技术支撑和学科交叉分析,然而老年人口分布与养老服务资源匹配领域的研究是一项跨学科、跨领域的研究,应对人口老龄化,科学可持续地发展老龄事业,需要管理学、统计学、工程学、信息技术等多学科之间相互融合,打破学科壁垒,消除学科障碍,跨领域合作。目前来看,国内学术界关于老年人口分布与养老服务资源匹配的研究多为理论性研究,多集中于养老服务资源的设施配置、设施标准等方面,而缺少规划性、应用性研究。在研究区域上,国内诸多研究主要针对城市(尤其是中心城市)、乡村等开展研究,而针对典型区域典型问题进行养老服务资源配置研究的较少。本研究选择老龄化程度较深的长三角地区作为研究区域,具有典型性和代表性,同时采用地理信息系统等相关技术,融合地理学、人口学多学科理论与方法探讨养老服务资源配置优化对策,是积极应对人口老龄化的关键,具有重要的理论意义和现实价值。

# 第四节　研究背景与研究意义

## 一、研究背景

长三角是中国人口老龄化最严重的地区之一,在长三角一体化已成为国家重大战略的背景下,以长三角为例,具有典型性和代表性。

长江三角洲地区(简称"长三角")属于世界级城市群,地处"一带一路"重要交汇点和长江经济带龙头地带,长三角是我国经济最发达、人口老龄化最严重、城镇化发展最快以及人口流动规模最大的地区之一(黄润龙,2011;刘涛 等,2015;曹广忠 等,2021;解韬 等,2021)。截至2020年底,长三角地区人口2.35亿人,区域面积35.8万平方千米。2020年,长三角地区GDP 24.5万亿元,常住人口城镇化率超过60%,以不到4%的国土面积,创造出中国近1/4的经济总量。长三角是中国外来人口最大的集聚地,也是外来人口落户门槛最高的区域之一,2016年底,长三角内约有2500万人未在常住城市落户。

长三角是目前中国区域一体化起步最早、基础最好、程度最高的地区。从20世纪80年代至今,长三角一体化已走过四十余年。2016年6月,国家《长江三角洲城市群发展规划》提出长三角打造世界级城市群的目标。2018年,上海与江苏、浙江、安徽(三省一市)联合成立长三角区域合作办公室,并发布《长三角地区一体化发展三年行动计划(2018—2020年)》,预示长三角一体化发展进入高质量发展阶段,为长三角一体化发展明确了任务书、时间表和路线图,其中特别提出了"共享普惠便利的公共服务,建设幸福和谐长三角"的社会事业发展目标。2018年11月,长三角区域一体化发展上升为国家战略,三省一市在产业合作、交通联系、市场融合、公共服务接轨等方面一体化的进程持续加速,世界级城市群的框架初露端倪。习近平总书记在上海考察时提出"长三角三省一市要增强大局意识、全局观念,抓好《长江三角洲区域一体化发展规划纲要》贯彻落实",长三角一体化作为新提出的国家战略,不仅对经济发展有重要促进作用,而且对于包括养老服务在内的社会管理和服务系统的区域协作具有非常重大的现实意义。

长三角地区作为中国经济社会发展的先行地区,人口转变最早,人口老龄化问题严峻。受地区经济发展水平高低、人口增减、资源禀赋差异、家庭结构转变及孝道文化变迁等影响,长三角地区老年人口的养老问题及养老服务状况千差万别。根据国家统计局公布的第七次全国人口普查公报(第五号),2020年中国60岁及以上人口为264018766人,占18.70%,其中65岁及以上人口为190635280人,占13.50%。与2010年第六次全国人口普查相比,60岁及以上人口的比重上升5.44个百分点,65岁及以上人口的比重上升4.63个百分点。长三角三省一市60岁及以上老年人口比重由高到低分别为23.38%(上海)、21.84%(江苏)、18.79%(安徽)、18.70%(浙江),除浙江外,其余均高于全国人口老龄化平均水平,总体而言,长三角地区人口老龄化程度显著高于全国。预计2050年,中国老年人口将增加到峰值4.87亿人,占总人口数34.9%,老年人口养老服务资源配置问题将会不断凸显。

上海是全国最早进入老龄化的城市,60岁及以上户籍人口老龄化程度在长三角地区最高。同时作为长三角的核心,上海又是国际化大都市,2020年,常住人口规模达到2487.09万人,人口高密度集聚与老龄化引发的"大城市病"和养老压力在此充分体现,已成为限制上海养老事业发展及经济社会发展的瓶颈。利用长三角广阔的腹地统筹布局养老服务资源,激发养老服务资源潜力,是上海积极应对人口老龄化的重要课题。同时长三角区域内各地区差异大,为整合资源、优化资源配置及人口流动等奠定了基础。因此,长三角养老服务合作及异地养老逐渐成为重要的城市发展战略。

自中国进入老龄社会以来,伴随城镇化与人口流动的发展,长三角人口老龄化经历了复杂的空间演化过程。伴随人口老龄化程度不断加深,城市土地资源紧缺、医疗服务资源不足、养老成本过高、服务供需落差大、环境及适老性面临挑战等造成的养老问题突显,养老的一个核心问题是养老资源,尤其是养老服务资源。在长三角一体化已成为国家重要战略之际,如何缩减长三角区域内各地区人口老龄化的差异并提高养老服务资源配置效率以实现养老服务一体化,将成为长三角一体化发展战略迫切需要解决的重要内容。

本研究从空间视角和供需平衡视角,探讨长三角老年人口与养老服务资源空间差异及其匹配关系,从老年人当地养老和异地养老(老年人口流动)两方面,探究长三角地区养老服务资源配置优化路径、空间重构与合作机制,挖掘在长三角一体化进程中老年人本地养老与异地养老的可行性提升策略,深度探索老年人高度聚集的超大城市——上海在长三角一体化战略中如何有效应对人口老龄化挑战并解决老年人养老问题,为长三角养老一体化发展提供实证参考,提出新时期长三角地区应对人口老龄化的诸多策略,为中国打破行政区划、利用区域联动一体化解决特大城市养老问题提供科学的探索经验。

## 二、研究意义

本研究可以丰富养老服务均衡发展、可持续发展、资源共享以及区域一体化等理论内涵,为老年学发展奠定理论基础,为交叉学科视角研究老龄问题提供实证依据,为中国尤其是长三角、珠三角、京津冀等重点区域一体化进程中如何应对人口老龄化提供了科学参考。

合理改善养老服务资源空间配置是探索解决中国养老实际问题的切实可行方案,具有非常重要的现实意义。研究长三角老年人口养老服务资源配置,对长三角一体化发展、调整优化长三角养老服务资源具有重大意义,为长三角养老政策的制定提供依据,具有国家战略意义和示范效应。

在老年人口空间分布不改变的情况下(老年人当地养老),利用养老服务资源存量,通过有效政策,实现养老服务资源优化配置,实现养老供需平衡。长三角地区三省一市处在不同经济社会发展水平,整合长三角区域内养老服务资源,加强长三角区域内养老服务合作,有利于跨越当前上海养老服务的障碍,突破养老服务资源限制的瓶颈,对缓解上海养老压力、减轻资源供给负担具有现实意义,降低其对经济社会的不利影响。同时,长三角其他地区丰富的劳动力资源可为上海养老服务资源提供养老服务人才,长三角的资源整合与服务合作将促进养老产业及相关产业的发展,有利于上海及整个长三角区域人口就业结构和经济结构的升级转换,有利于充分发挥产业联动效应,从而促进上海及整个长三角区域经济社会改革发展。

在老年人口流动的情况下(老年人异地养老),充分发挥政府功能支持作用,挖掘养老服务合作潜力,协调地区和城乡发展,最大限度缩小地区与城乡养老服务之间的差异,实现养老供需平衡及养老服务公平(均等化/均衡发展),为上海老人异地养老提供政策支撑,从而有利于减轻上海日益加重的养老压力,缓解上海老龄化与其经济社会发展的矛盾,促进老年人口与养老服务资源社会协调发展。长三角三省一市养老服务的合作与老年人口流动异地养老,有利于充分发挥上海在长三角地区的龙头作用,将上海先进的养老服务理念、管理方式、医疗技术等辐射到周边地区,从而在整体上提高长三角养老一体化水平,为区域经济社会一体化发展打下扎实的基础,有利于上海及长三角区域产业结构与经济发展的空间重构,有利于上海及长三角区域经济社会的转型与调整,对社会管理和服务系统的区域协作具有重要意义,从根本上推进上海及长三角区域经济社会的改革发展。

# 第二章　长三角地区
# 不同尺度人口老龄化时空演变及驱动机制

　　长三角地区的养老需求主要从该地区老年人口的数量与比重等方面来开展研究,不同省域、市域的养老需求在空间分布上具有怎样的特征对于养老服务资源空间配置至关重要,因此,应把握长三角省域、市域等不同尺度上老年人口规模与比重等的空间差异性及其分布特征,为该地区养老服务资源空间配置优化提供科学基础。

　　本研究中老年人口既包括 60 岁及以上人口,又包括 65 岁及以上人口,根据研究需要而选择,若无明确标注老年人口年龄,则全书及相关模型中皆以 65 岁及以上老年人口占总人口比重作为人口老龄化的度量标准。主要数据来源于第五次到第七次全国人口普查,2020 年长三角养老设施、公园绿地、医疗的空间分布 POI 数据以及地方统计年鉴等,采用泰尔指数、老年人口集聚度、空间聚类分析、冷热点分析等方法,分析长三角省域、市域、县域以及城、镇、乡等不同尺度老年人口的空间差异性、集聚性及空间布局演化特征。

# 第一节
# 长三角省域人口老龄化发展趋势与空间差异

## 一、长三角省域人口老龄化发展趋势

随着 20 世纪 50—60 年代出生高峰期的人群逐步进入老年阶段,中国人口老龄化正在快速发展。根据中国老龄办提供的数据,2000 年中国 60 岁及以上老年人口占全国总人口的比例首次突破 10%,2010 年达到 13.3%,近 1.8 亿人;国家统计局公布的第七次全国人口普查公报(第五号)显示,2020 年中国 60 岁及以上人口为 264018766 人,占 18.70%,其中 65 岁及以上人口为 190635280 人,占 13.50%。与 2010 年第六次全国人口普查相比,60 岁及以上人口的比重上升 5.44 个百分点,65 岁及以上人口的比重上升 4.63 个百分点。

长三角地区作为中国经济社会发展的先行地区,人口转变最早,进入人口老龄化阶段的时间也最早。根据上海市老龄科研中心提供的有关数据,早在 1979 年上海 60 岁及以上老年人口占总人口的比重已经超过 10%,进入人口老龄化阶段,比全国早了 21 年。上海、苏南、浙北也是中国生育水平最低的地区,根据上海市卫健委提供的历史数据,上海早在 1993 年就进入了户籍人口自然变动负增长阶段。由于经济发展水平高、社会保障水平高、医疗卫生水平高,长三角地区的人口期望寿命也高于全国平均水平。据 2021 年中国统计年鉴和上海市统计年鉴,2020 年上海户籍人口的平均期望寿命为 83.67 岁,而 2020 年中国全国人均预期寿命为 77.93 岁。不过,由于大量年轻的外来人口涌入长三角地区工作和生活,江、浙、沪三省市常住人口的老龄化程度要比户籍人口的老龄化程度低一些,甚至常住人口的老龄化水平低于青年人口大量流出省份。

（一）长三角省域常住人口老龄化发展趋势

长三角三省一市 2000—2020 年常住人口老龄化发展情况如表 2.1 所列。2000 年,三省一市常住人口总数为 1.94 亿人,其中 60 岁及以上老人数为 2384.77 万人,占常住人口总数的 12.27%;65 岁及以上老人数为 1691.73 万人,占常住人口总数的 8.70%;三省一市常住人口老龄化水平高于全国平均水平。

2010 年,三省一市常住人口总数为 2.16 亿人,其中 60 岁及以上老人数为 3253.45 万人,占常住人口总数的 15.09%;65 岁及以上老人数为 2205.62 万人,占常住人口总数的 10.23%;三省一市常住人口老龄化水平高于全国平均水平。

2020 年,三省一市常住人口总数为 2.35 亿人,其中 60 岁及以上老人数为 4786.27 万人,占常住人口总数的 20.35%;65 岁及以上老人数为 3550.12 万人,占常住人口总数的 15.09%;三省一市常住人口老龄化水平高于全国平均水平。

分省市来看,2000 年和 2020 年上海 60 岁及以上人口老龄化水平最高,分别为 14.98% 和 23.38%;其次是江苏,分别为 12.62% 和 21.84%;2000 年安徽 60 岁及以上人口老龄化水平最低,为 11.02%。2010 年江苏 60 岁及以上人口老龄化水平最高,为 15.99%;其次是上海,为 15.07%;2010 和 2020 年浙江 60 岁及以上人口老龄化水平最低,分别为 13.89% 和 18.70%,后者低于全国平均水平,可能是因为浙江流入大量年轻人口。

2000 年和 2020 年上海 65 岁及以上人口老龄化水平仍为最高,分别为 11.46% 和 16.28%;2000 年安徽 65 岁及以上人口老龄化水平最低,为 7.59%;2010 和 2020 年浙江 65 岁及以上人口老龄化水平最低,分别为 9.34% 和 13.27%,后者低于全国水平;2010 年江苏 65 岁及以上人口老龄化水平最高,为 10.88%。

综合 60 岁及以上人口老龄化水平和 65 岁及以上人口老龄化水平,三省一市老龄化水平呈现以下特点:第一,2000 年和 2020 年上海老龄化水平最高,2010 年江苏老龄化水平最高;第二,2000 年安徽老龄化水平最低,2010 年和 2020 年浙江老龄化水平最低,2020 年浙江的老龄化水平低于全国平均水平。

表 2.1　长三角三省一市常住人口老龄化发展情况　　单位:万人,%

|  | 时间 | 上海 | 江苏 | 浙江 | 安徽 | 长三角 | 全国 |
|---|---|---|---|---|---|---|---|
| 常住人口 | 2000 年 | 1640.77 | 7304.36 | 4593.07 | 5899.99 | 19438.19 | 124261.22 |
|  | 2010 年 | 2301.92 | 7866.09 | 5442.69 | 5950.05 | 21560.75 | 133281.09 |
|  | 2020 年 | 2487.09 | 8474.80 | 6456.76 | 6102.72 | 23521.37 | 140977.87 |
| 60 岁及以上人口 | 2000 年 | 245.76 | 922.15 | 566.92 | 649.94 | 2384.77 | 12997.79 |
|  | 2010 年 | 346.97 | 1257.46 | 755.86 | 893.15 | 3253.45 | 17759.44 |
|  | 2020 年 | 581.55 | 1850.53 | 1207.27 | 1146.92 | 4786.27 | 26401.82 |
| 60 +/常住人口 | 2000 年 | 14.98 | 12.62 | 12.34 | 11.02 | 12.27 | 10.46 |
|  | 2010 年 | 15.07 | 15.99 | 13.89 | 15.01 | 15.09 | 13.32 |
|  | 2020 年 | 23.38 | 21.84 | 18.70 | 18.79 | 20.35 | 18.73 |
| 65 岁及以上人口 | 2000 年 | 188.03 | 645.84 | 409.86 | 448.00 | 1691.73 | 8827.40 |
|  | 2010 年 | 233.13 | 855.86 | 508.17 | 608.45 | 2205.62 | 11892.72 |
|  | 2020 年 | 404.90 | 1372.65 | 856.63 | 915.94 | 3550.12 | 19063.53 |
| 65 +/常住人口 | 2000 年 | 11.46 | 8.84 | 8.92 | 7.59 | 8.70 | 7.10 |
|  | 2010 年 | 10.13 | 10.88 | 9.34 | 10.23 | 10.23 | 8.92 |
|  | 2020 年 | 16.28 | 16.20 | 13.27 | 15.01 | 15.09 | 13.52 |

数据来源:2000、2010、2020 年数据分别根据全国及各省市第五、六、七次人口普查资料计算得出。

从长三角地区常住人口老龄化的空间分布来看,2010 年人口老龄化程度呈现中部高、南北两端低的特点,中部地区人口老龄化整体水平较高,老龄化水平最高的是南通、台州、巢湖等中部地区,最低的是江苏北部、安徽北区、浙江南部的一些地级市。从老年人口规模来看,绝对数最高的是上海、南京、杭州、宁波、阜阳、巢湖、盐城等城市,老年人口总规模与人口老龄化水平空间上并不一致。苏州、无锡、南京等城市人口老龄化水平较低,主要是因为有大量外来年轻人口的流入,缓解了当地人口老龄化的水平。

长三角三省一市 2010—2020 年常住人口老龄化各项指标的增幅和增速如

表2.2。从增幅来看,10 年中全国增加了 8642.38 万 60 岁及以上的老人,7170.81 万 65 岁及以上的老人。其中长三角三省一市就增加了 1532.82 万 60 岁及以上的老人,1344.50 万 65 岁及以上的老人,分别占全国增加总量的 17.74% 和 18.75%。从增速来看,三省一市的常住人口增速为 9.09%,高于全国平均水平;三省一市的 60 岁及以上老年人口增速和其在常住人口中的占比均略低于全国水平,65 岁及以上老年人口增速和其在常住人口中的占比均略高于全国平均水平;可见,三省一市常住人口老龄化各项指标的增速与全国平均水平较为接近,但由于三省一市常住人口增速高于全国平均水平,侧面反映出三省一市老龄化速度高于全国平均水平。

分省市来看,2010—2020 年浙江、上海、江苏的常住人口的增长速度均高于全国平均水平,只有安徽的常住人口的增长速度低于全国平均水平。10 年中 60 岁及以上老年人口增加最多的是江苏,净增加 593.07 万人;第二是浙江,净增加 451.41 万人;第三是安徽,净增加 253.77 万人;第四是上海,净增加 234.58 万人。从 60 岁及以上常住老年人口增速来看,上海最高,为 67.61%;第二是浙江,为 59.72%;第三是江苏,为 47.16%;安徽最低,为 28.41%。江苏和安徽的增速低于全国平均水平,前者可能是因为流入年轻人口较多,后者可能是因为发展进程较慢。

65 岁及以上老年人口增幅从多到少排序仍为江苏、浙江、安徽、上海,分别为 516.79 万人、348.46 万人、307.49 万人和 171.77 万人。从 65 岁及以上常住老年人口增速来看,同样是上海最高,为 73.68%;第二是浙江,为 68.57%;第三是江苏,为 60.38%;安徽最低,为 50.54%,低于全国平均水平。

**表2.2 长三角三省一市2010—2020年市常住人口老龄化增幅和增速** 单位:万人,%

| 2010—2020年 | 常住人口 | | 60岁及以上人口 | | 60+/常住人口 | 65岁及以上人口 | | 65+/常住人口 |
|---|---|---|---|---|---|---|---|---|
| | 增幅 | 增速 | 增幅 | 增速 | 增加百分点 | 增幅 | 增速 | 增加百分点 |
| 上海 | 185.17 | 8.04 | 234.58 | 67.61 | 8.31 | 171.77 | 73.68 | 6.15 |
| 江苏 | 608.71 | 7.74 | 593.07 | 47.16 | 5.85 | 516.79 | 60.38 | 5.32 |
| 浙江 | 1014.07 | 18.63 | 451.41 | 59.72 | 4.81 | 348.46 | 68.57 | 3.93 |
| 安徽 | 152.67 | 2.57 | 253.77 | 28.41 | 3.78 | 307.49 | 50.54 | 4.78 |
| 长三角 | 1960.62 | 9.09 | 1532.82 | 47.11 | 5.26 | 1344.50 | 60.96 | 4.86 |
| 全国 | 7696.78 | 5.77 | 8642.38 | 48.67 | 5.41 | 7170.81 | 60.3 | 4.6 |

数据来源:同表2.1。

长三角三省一市2000—2020年常住人口高龄化发展情况如表2.3。2000年,三省一市80岁及以上老人数为245.19万人,占常住人口总数的1.26%,占60岁及以上人口的10.28%;2010年,三省一市80岁及以上老人数为441.29万人,占常住人口总数的2.05%,占60岁及以上人口的13.56%;2020年,三省一市80岁及以上老人数为714.36万人,占常住人口总数的3.04%,占60岁及以上人口的14.93%;长三角三省一市2000—2020年常住人口高龄化水平均高于全国平均水平,其中80岁及以上高龄老人占总人口的比重上升显著,但是高龄老人占全部老人的比重仅有略微提高,主要是因为低龄老人增加快。

分省市来看,2000年、2010年、2020年上海80岁及以上老人占总人口比重最高,分别为1.82%、2.55%和3.36%;江苏在这三个节点均为其次,分别为1.35%、2.13%和3.25%;2000和2010年安徽80岁及以上老人占总人口比重最低,分别为0.97%和1.81%;2020年浙江80岁及以上老人占总人口比重最低,为2.72%,但仍高于全国平均水平。

2000年和2010年上海80岁及以上老人占60岁及以上老人人口比例最高,分别为12.16%和16.94%;2000年和2010年安徽均为最低,分别为

8.82%和12.03%,前者低于全国平均水平;2020年安徽80岁及以上老人占60岁及以上老人人口比例最高,为15.71%;2020年上海80岁及以上老人占60岁及以上老人人口比例最低,为14.37%。2000—2020年间上海80岁及以上老人占60岁及以上老人人口比例在长三角三省一市中排名下降,可能是因为上海60岁及以上老人增加较快;安徽排名上升,可能是因为安徽60岁及以上老人增加较慢。

表2.3　长三角三省一市2000—2020年常住人口高龄化发展情况　单位:万人,%

| | | 上海 | 江苏 | 浙江 | 安徽 | 长三角 | 全国 |
|---|---|---|---|---|---|---|---|
| 80岁及以上 | 2000年 | 29.88 | 98.74 | 59.26 | 57.31 | 245.19 | 1199.11 |
| | 2010年 | 58.78 | 167.74 | 107.3 | 107.46 | 441.29 | 2098.93 |
| | 2020年 | 83.59 | 275.27 | 175.31 | 180.19 | 714.36 | 3580.08 |
| 80+/总人口 | 2000年 | 1.82 | 1.35 | 1.29 | 0.97 | 1.26 | 0.96 |
| | 2010年 | 2.55 | 2.13 | 1.97 | 1.81 | 2.05 | 1.57 |
| | 2020年 | 3.36 | 3.25 | 2.72 | 2.95 | 3.04 | 2.54 |
| 80+/60+ | 2000年 | 12.16 | 10.71 | 10.45 | 8.82 | 10.28 | 9.23 |
| | 2010年 | 16.94 | 13.34 | 14.2 | 12.03 | 13.56 | 11.82 |
| | 2020年 | 14.37 | 14.88 | 14.52 | 15.71 | 14.93 | 13.56 |

数据来源:同表2.1。

长三角三省一市2010—2020年常住人口高龄化各项指标的增幅和增速如表2.4。从增幅来看,10年中全国增加了1481.15万80岁及以上的高龄老人,其中长三角三省一市就增加了273.07万人,占全国增加总量的18.44%。相当于全国每增加5位高龄老人,就有一个在长三角区域内。高龄老人是需要较多照顾护理的人群,高龄化的发展必将带来养老服务压力的提高。从增速来看,2010—2020年长三角三省一市80岁及以上人口增速均低于全国平均水平,80岁及以上人口占总人口比重增加的百分点与全国平均水平较为接近,80岁及以上人口占60岁及以上人口增速低于全国水平,这可能是因为三省一市2010年高龄化程度已经较高。

　　分省市来看,这10年中80岁及以上老年人口增加最多的是江苏,净增加107.53万人;第二是安徽,净增加72.73万人;第三是浙江,净增加68.01万人;第四是上海,净增加24.81万人。从80岁及以上老年人口增速来看,从高到低依次为安徽、江苏、浙江、上海,分别为67.68%、64.11%、63.38%、42.21%,这可能是因为2010年上海高龄化程度已较高,安徽高龄化程度则较低,也体现出安徽这十年来高龄化水平提升较快。

　　从80岁及以上老年人口占总人口比重增加的百分点来看,从高到低依次为安徽、江苏、上海、浙江,分别为1.14%、1.12%、0.81%、0.75%,这可能与2010—2020年浙江、上海、江苏的常住人口的增长速度均高于全国平均水平,只有安徽的常住人口的增长速度低于全国平均水平有关。从80岁及以上人口占60岁及以上人口比重增加的百分点来看,从高到低依次为安徽、江苏、浙江、上海,分别为3.68%、1.54%、0.32%、-2.57%。这可能和安徽60岁及以上人口增速较低、上海60岁及以上人口增速较高有关,也体现出十年来安徽高龄化水平提升较快。

表2.4　长三角三省一市2010—2020年常住人口高龄化增幅和增速　单位:万人,%

| 2010—2020年 | 80岁及以上 | | 80+/总人口 | 80+/60+ |
|---|---|---|---|---|
| | 增幅 | 增速 | 增加百分点 | 增加百分点 |
| 上海 | 24.81 | 42.21 | 0.81 | -2.57 |
| 江苏 | 107.53 | 64.11 | 1.12 | 1.54 |
| 浙江 | 68.01 | 63.38 | 0.75 | 0.32 |
| 安徽 | 72.73 | 67.68 | 1.14 | 3.68 |
| 长三角 | 273.07 | 61.88 | 0.99 | 1.37 |
| 全国 | 1481.15 | 70.57 | 0.97 | 1.74 |

数据来源:同表2.1。

从长三角地区人口高龄化的空间分布来看,高龄老人规模最多的是上海,其次是南通,徐州、宿州、南京、无锡、宿州、绍兴、宁波、金华、台州等城市高龄老人规模也比较大。从人口高龄化比重来看,最高的是上海,其次是南通、台州、衢州、丽水等,最低的是合肥。

长三角三省一市2010—2020年老年抚养比和平均期望寿命发展变化情况见表2.5。2010年长三角三省一市60岁及以上老年人口与劳动年龄人口之比为21.25%,2020年增加到32.03%,增加了10.78个百分点,也就是说2020年每3个劳动年龄人口要抚养一个老年人口,老年抚养比快速提高。长三角地区人口平均期望寿命也在持续提高,以上海为例,2010年人口平均期望寿命为80.26岁,2020年提高到83.67岁,已经接近世界上期望寿命最高的日本的水平。

分省市来看,2020年三省一市老年抚养比从高到低依次为上海、江苏、安徽、浙江;其中增加百分点最多的是上海,最少的是安徽,分别为15.47%和8.60%。2020年三省一市平均期望寿命从高到低依次为上海、浙江、江苏、安徽,分别为83.67、80.19、79.32、78.00岁;其中上海平均期望寿命增加最多,浙江平均期望寿命增加最少,分别增加了3.41、0.99岁。

表2.5 长三角三省一市2010—2020年老年抚养比和平均期望寿命发展变化情况

单位:%,岁

| | 老年抚养比 | | | 平均期望寿命 | | |
|---|---|---|---|---|---|---|
| | 2010 年 | 2020 年 | 增加百分点 | 2010 年 | 2020 年 | 增加 |
| 上海 | 19.75 | 35.22 | 15.47 | 80.26 | 83.67 | 3.41 |
| 江苏 | 22.51 | 35.20 | 12.69 | 76.63 | 79.32 | 2.69 |
| 浙江 | 19.05 | 27.90 | 8.85 | 79.20 | 80.19 | 0.99 |
| 安徽 | 22.33 | 30.93 | 8.60 | 75.10 | 78.00 | 2.90 |
| 长三角 | 21.25 | 32.03 | 10.78 | | | |
| 全国 | 19.02 | 30.10 | 11.08 | 74.83 | 77.93 | 3.10 |

数据来源:同表2.1。

（二）长三角省域户籍人口老龄化发展趋势

长三角三省一市户籍人口老龄化发展水平见表 2.6 和表 2.7。2010—2020年，江浙沪两省一市户籍人口的各项老龄化指标远远超过户籍总人口的增长速度。具体来说，江浙沪两省一市的户籍人口总数从 2010 年的 1.36 亿人增加到2020 年的 1.44 亿人，净增加 800 万人，年均增长 0.63%；2010—2017 年两省一市 60 岁及以上、65 岁及以上、80 岁及以上老年人口每年的平均增幅分别为4.61%、4.28% 和 3.67%，是户籍人口年均增长率的 6 倍以上。尤其是上海，户籍人口老龄化增长速度甚至达到了户籍人口年均增长率的 10 倍以上，户籍人口增速只有 0.44%，而 60 岁及以上、65 岁及以上、80 岁及以上老年人口每年的平均增幅分别为 5.56%、4.95% 和 4.35%。主要原因是上海长期以来户籍人口保持极低的生育水平，过去 15 年中平均总和生育率不足 1；户籍人口迁移控制得又很严，特别是 2014 年以来实行严格的人口调控政策，户籍人口增长量只有前期的一半左右，户籍迁移进来的年轻人比较少；上海人口的期望寿命长，老年人群规模越来越大，2017 年一年中 60 岁及以上老年人口数量比 2016 年净增加了25.81 万人，一年增加的老年人口总数就相当于一个中等城市的人口总数，这些因素综合作用就造成上海户籍人口老龄化的速度远远超过总人口的增长速度。江苏、浙江的情况与上海类似，只是比上海老龄化程度和老龄化的增速略低一些。

本研究结合 2016 年和 2020 年数据分析长三角地区三省一市户籍老年人口的空间分布。需要说明的是，由于安徽省最新的户籍人口数据在本研究成稿前只更新到 2019 年，且未公布 60 岁及以上户籍老年人口数，故安徽省 2020 年户籍老年人口的分析，暂用 2019 年户籍人口数据代替。

2016 年 60 岁及以上户籍老人数量最多的是江苏，为 1719.26 万人；第二是安徽，为 1096.57 万人；第三是浙江，为 1030.62 万人；第四是上海，为 457.79 万人。65 岁及以上、80 岁及以上的情况与 60 岁及以上的情况类似。但是户籍人口老龄化水平三省一市的排序有了很大变化，从 60 岁及以上老年人口占总人口的比重来看,上海最高,为 31.57%;江苏排第二,为 22.10%;浙江排第三,为 20.96%;安徽排第四,为 15.61%。65 岁及以上、80 岁及以上的情况与 60 岁及以上的情况类似,顺序没有变化。但是 80 岁及以上人口占 60 岁及以上人口比指标上,除了上海继续保持第一以外,安徽排到了第二位,江苏和浙江接近。

2020 年,60 岁及以上户籍老人数量最多的是江苏,为 1853.80 万人,占总人口的 23.53%;其次是浙江,为 1187.50 万人,占总人口的 23.43%;最少的是上海,为 532.41 万人,占总人口的 36.08%。三省一市的户籍人口老龄化水平相对 2016 年都有所提高,排序与 2016 年基本保持一致。

表 2.6　长三角三省一市 2016 年户籍人口老龄化发展水平　单位:万人,%

| | 户籍人口总数 | 60 岁及以上 | 65 岁及以上 | 80 岁及以上 | 60 + /户籍人口 | 65 + /户籍人口 | 80 + /户籍人口 | 80 + /60 + |
|---|---|---|---|---|---|---|---|---|
| 上海 | 1449.98 | 457.79 | 299.03 | 79.66 | 31.57 | 20.62 | 5.49 | 17.40 |
| 江苏 | 7780.56 | 1719.26 | 1167.55 | 269.18 | 22.10 | 15.01 | 3.46 | 15.66 |
| 浙江 | 4916.83 | 1030.62 | 678.35 | 161.25 | 20.96 | 13.80 | 3.28 | 15.65 |
| 安徽 | 7026.25 | 1096.57 | 811.52 | 186.80 | 15.61 | 11.55 | 2.66 | 17.03 |
| 长三角 | 21173.62 | 4304.24 | 2956.45 | 696.89 | 20.33 | 13.96 | 3.29 | 16.19 |

数据来源:由各省市民政局、老龄办发布的 2016 年户籍老年人口信息数据以及各省市统计年鉴中的相关数据整理而得。

表 2.7　长三角三省一市 2020 年户籍人口老龄化发展水平　单位:万人,%

| | 户籍人口总数 | 60 岁及以上 | 60 + 比例 |
|---|---|---|---|
| 上海 | 1475.63 | 532.41 | 36.08 |
| 江苏 | 7876.75 | 1853.80 | 23.53 |
| 浙江 | 5068.99 | 1187.50 | 23.43 |
| 安徽 | 7119.37 | | |

数据来源:由各省市民政局、老龄办发布的 2020 年户籍老年人口信息数据以及各省市统计年鉴中的相关数据整理而得。由于安徽省最新户籍人口数据只更新到 2019 年,且未公布 60 岁及以上户籍老年人口数,故安徽省 2020 年户籍人口暂用 2019 年数据代替。

从省市角度来看,长三角三省一市户籍人口老龄化水平与常住人口类似,也呈现出中间高、南北低的特点,上海、苏南、苏中、浙北地区户籍人口老龄化水平最高,而阜阳、蚌埠等安徽北部地区人口老龄化水平最低。

从长三角三省一市户籍 80 岁及以上高龄老年人口的空间密度分布来看,密度比较高的依次是上海、徐州、南京、马鞍山、南通、苏州、无锡、常州、阜阳、连云港等城市,而南部、西部地区最低,如丽水、衢州、宣城、黄山、安庆、六安等城市单位面积上的高龄老人数量最少。从户籍高龄老人绝对数量来看,比较多的是上海、南通、泰州、盐城、南京、杭州、阜阳、宁波等城市。

(三)长三角省域人口老龄化发展的主要特点

长三角地区省域人口老龄化发展中呈现出以下几个特点:

1. 长三角地区已经进入人口老龄化加速发展阶段,老龄化速度高于全国水平

从 2010 年到 2020 年,长三角常住人口老龄化各项指标的增速与全国水平较为接近,但由于三省一市常住人口增速高于全国水平,侧面反映出三省一市老龄化速度高于全国平均水平。

具体来说,2010—2020 年间,长三角的常住人口增速为 9.09%,高于全国平均水平的 5.77%;长三角 60 岁及以上老年人口占常住人口的比重比全国少增加 0.15 个百分点;65 岁及以上老年人口占常住人口的比重比全国多增加 0.26 个百分点;80 岁及以上老年人口占常住人口的比重比全国少增加 0.02 个百分点。可见,长三角常住人口老龄化各项指标的增速与全国水平较为接近,可能与大量年轻人口流入相关,但长三角老龄化速度仍高于全国平均水平。

2. 低龄老人规模的增长远远超过高龄老人,人口老龄化过程中出现了低龄老人比重提高的特点

长三角三省一市老龄化程度加深的原因是低龄老人比重的显著增加,2010—2020 年间,60 岁及以上老人比重从 15.09% 上升到 20.35%,10 年增加了 5.26 个百分点;65 岁及以上老人比重从 10.23% 上升到 15.09%,10 年增加了

4.86个百分点;80岁及以上高龄老人比重则从2.05%上升到3.04%,10年仅增加了0.99个百分点。

由于低龄老人比重显著增加,而高龄老人比重变化不明显,则老年人口中的高龄老人比重变化也不明显,人口高龄化并未出现,而且某些地区80岁及以上老人占总体老人比重还呈现负增长,如上海降低了2.57个百分点。

3. 人口流入省市常住人口老龄化程度低于户籍人口老龄化程度,人口流出省市常住人口老龄化程度高于户籍人口老龄化程度

长三角三省一市由于经济发展程度有差别,有些省市是人口净流入省市,如上海、江苏和浙江;而有些省市是人口净流出省市,如安徽。由于流动人口以中青年为主,所以影响了所在省份的人口老龄化程度及发展。上海的流入人口最多,常住人口老龄化程度相比户籍人口老龄化程度轻很多,增速也放慢了;而安徽的流出人口很多,常住人口老龄化程度要比户籍人口老龄化程度高。

4. 户籍人口老龄化程度省市间差距较大,上海程度最高增速最快,安徽最低,而江苏、浙江较为相近

长三角三省一市的户籍人口老龄化程度在省市间的差距较大,上海户籍人口老龄化程度最高且增速最快,2016年60岁及以上老人比重为31.57%,而安徽户籍人口中60岁及以上老人比重在2016年为15.61%,仅为上海同年份的一半。上海户籍人口中60岁及以上老人比重从2010年的23.44%上升到2020年的36.08%,年均增速为4.41%;江苏户籍人口中60岁及以上老人比重从2010年的17.48%上升到2020年的23.53%,年均增速为3.02%;浙江户籍人口中60岁及以上老人比重从2010年的16.60%上升到2020年的23.43%,年均增速为3.51%,与江苏较为接近。2010—2017年江浙沪两省一市65岁及以上老人比重和80岁及以上老人比重也基本如此。

5. 人口寿命延长伴随居住方式变化导致纯老家庭和独居老人比例增加,失能半失能比例也在上升

根据全国老龄办和中国老龄科学研究中心2010年在全国开展的失能老年

人状况专题调研的结果推算,2010 年时中国城乡失能和半失能老年人口约有 3300 万人,占全体老年人口的 19.0%,其中完全失能老年人约有 1080 万人,占全体老年人口的 6.23%。第四次中国城乡老年人生活状况抽样调查结果显示,2015 年全国空巢老人人数突破 1 亿人,失能、半失能老人约 4063 万人,占老年人口总量的 18.3%。

上海 2017 年纯老家庭老人数为 135.86 万人,占老年人口的 28.1%;独居老人 32.18 万人,占老年人口的 6.65%。2020 年上海市老年人口和老龄事业监测统计信息显示,2020 年末上海纯老家庭老年人数上升到 157.79 万人,其中 80 岁及以上纯老家庭老年人数 35.39 万人;独居老年人数 30.52 万人,其中孤寡老年人数为 2.26 万人。

江苏据全省 33 个县(市、区),15840 个样本抽样调查测算,2016 年空巢老人 872.8 万人,占老年人口的 50.77%;独居老人 187.9 万人,占老年人口的 10.93%;孤寡老人 12.5 万人,占老年人口的 0.73%;失能老人 42.6 万人,占老年人口的 2.48%;失智老人 12.7 万人,占老年人口的 0.74%。江苏省 2018 年老年人口信息和老龄事业发展状况报告则显示,江苏的失能老人占比达 2.7%、半失能老人占比达 3.8%,失智老人占比达 0.8%,全省失能、失智、半失能老人有 131.8 万人。

浙江 2016 年纯老家庭老人数为 249 万人,占老年人口的 24.16%;失能、半失能老人 76.81 万人,占老年人口的 7.45%。

## 二、长三角省域老龄化空间差异

长三角省域老龄化空间差异扩大,区域间差异与江苏内部差异较大。

为深入分析长三角省域人口老龄化的空间差异特征,本研究进行泰尔指数分析。泰尔指数的主要优点为:将区域差异按地域结构多层次分解,不随所有区域经济水平及人口规模变动相同比例而变,利于比较不同地域系统内平差异,符合庇古—塔尔图恩转移(Akita & Takahiro,2003;Terrasi. M,1999)原理。因此利用该指数来对不同尺度老年人口比重的差异进行分解并衡量其演化特征,主要

公式具体如下（王青、叶衣广,2008）:

$$T = \frac{1}{N}\sum_{i=1}^{N} log\ \frac{\bar{U}}{Ui} \tag{1}$$

$T$ 代表泰尔指数。若将所有区域按一定方法分成 $J$ 组,那么泰尔指数 $T$ 可以按如下方法分解(J. Schwarze,1996):

$$T = \sum_{j=1}^{J} PjTj + \sum_{j=1}^{J} log\ \frac{Pj}{Uj} \tag{2}$$

式中的第一项表示每一组内各地区之间的人口老龄化水平差异。本书用它来衡量江苏、浙江以及安徽三大区域内的人口老龄化水平差异(由于上海属于直辖市,无内部各市区相关数据,故不做上海市内部各区人口老龄化水平的差异分析)。第二项则表示各组之间即上海、江苏、浙江以及安徽四大区域之间的人口老龄化水平差异。$Uj$ 表示第 $j$ 组人口老龄化水平总和在整个长三角地区人口老龄化总水平中的比重,$Pj$ 则表示第 $j$ 组总人口在整个长三角地区总人口中的比重。故整个长三角地区人口老龄化水平差异可以分解为不同省域区域内的差异与区域间的差异之和。依据上述方法,可得到长三角省域区域内差异与区域间差异在总体差异中的比重。

长三角地区总体人口老龄化水平的泰尔指数从 2000 年的 0.0039 上升至 2020 年的 0.0060,前 10 年上升幅度较小,后 10 年上升幅度增大(如图 2.1)。泰尔指数分解进一步揭示长三角地区各省域区域内部、区域之间差异的演化特征。一方面,从绝对值变化来看,2000—2020 年,该地区各省域区域内的人口老龄化水平差异系数由 0.0015 先小幅下降至 0.0004,再微升至 0.0007;而四大区域间的人口老龄化水平差异系数则由 0.0024 上升至 0.0053,人口老龄化水平总体而言趋向区域内平衡与区域间差异扩大。另一方面,从构成来看,2020 年,四大区域间差异平均约占 37.80%,江苏内部差异占 44.13%,安徽内部差异最小(仅占约 7.26%),浙江内部差异居中(占 10.81%)。这表明,长三角地区人口老龄化差异主要表现为江浙沪皖四大区域间的差异和长三角内部差异,然而长三角内部差异的构成突减并不是其变化导致的,而是由于四大区域间差异的贡献突增。

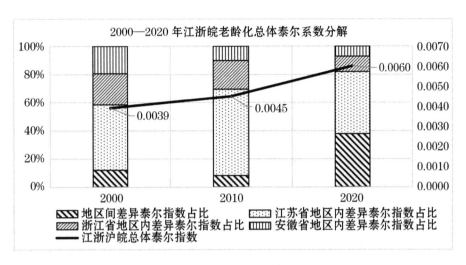

**图 2.1　2000—2020 年长三角地区人口老龄化泰尔系数分解**

## 第二节　长三角市域人口老龄化空间格局

### 一、长三角市域人口老龄化发展阶段

老龄化系数(W)是测度老龄化程度常用的指标,指某一区域、某一时点的老年人口数量(65 岁及以上)占总人口数量的百分比。依据老龄化系数值大致确定人口发展模式类型:年轻阶段(W≤4%)、成年阶段(4% < W <7%)、老龄化阶段(W≥7%)(田雪原,2004)。2020 年长江三角洲地区各市域的人口老龄化指数均已超过7%,为便于深入分析长三角地区市域人口老龄化特征,本研究结合中国国情、长三角各市具体情况以及国际通行标准,将老龄化分为老龄化初级阶段(7% ≤W < 14%)、老龄化中度阶段(14% ≤W < 21%)及老龄化重度阶段(W≥21%),利用 GIS 软件平台,将长三角地区 41 个市域单元人口老龄化程度

进行分类,如表2.8。

由表2.8发现,从发展阶段来看,2000年长三角人口老龄化共分为两种类型,具体如下:第一种类型处于成年阶段(W<7%),共包括2个地区,主要分布在铜陵市、淮北市,约占长三角总市域的4.88%;第二种类型处于老龄化初级阶段(7%≤W<14%),共包含39个地区,占长三角总市域的95.12%。可见,长三角地区人口老龄化以老龄化初级阶段为主。

2010年长三角人口老龄化共分为两种类型,具体如下:第一种类型处于老龄化初级阶段(7%≤W<14%),共包括39个地区,约占长三角总市域的95.12%;第二种类型处于老龄化中度阶段(14%≤W<21%),主要集聚在南通和泰州地区,共2个地区,占长三角总市域的4.88%。可见,长三角地区人口老龄化以老龄化初级阶段为主、中度阶段为辅。

2020年长三角人口老龄化共分为三种类型,具体如下:第一种类型处于老龄化初级阶段(7%≤W<14%),共包括12个地区,主要分布在阜阳市、台州市、苏州市、宿迁市等安徽北部、浙江东南部沿海地区以及江苏少量地区,约占长三角总市域的29.27%;第二种类型处于老龄化中度阶段(14%≤W<21%),共包含27个地区,广泛成片分布在扬州市、衢州市、上海市、绍兴市等地区,占长三角总市域的65.85%;第三种类型处于老龄化重度阶段(W≥21%),主要集聚在南通和泰州,共2个地区,占长三角总市域的4.88%。可见,长三角地区人口老龄化以老龄化中度阶段为主、初级阶段为辅,处于重度老龄化阶段的南通与泰州两地在养老服务资源配置时需引起重视。

表2.8　长三角市域人口老龄化程度

| 年份 | 人口发展模式类型 | 数量（个） | 地区 | 占比（%） |
|------|------|------|------|------|
| 2000 | 成年阶段 | 2 | 铜陵、淮北 | 4.88 |
| | 老龄化初级阶段 | 39 | 连云港、合肥、淮南、六安、温州、淮安、宿迁、阜阳、安庆、马鞍山、亳州、芜湖、池州等 | 95.12 |
| | 老龄化中度阶段 | 0 | 无 | 0.00 |
| | 老龄化重度阶段 | 0 | 无 | 0.00 |
| 2010 | 成年阶段 | 0 | 无 | 0.00 |
| | 老龄化初级阶段 | 39 | 温州、合肥、苏州、宁波、杭州、金华、连云港、南京、淮北、淮南、无锡、亳州、常州等 | 95.12 |
| | 老龄化中度阶段 | 2 | 泰州、南通 | 4.88 |
| | 老龄化重度阶段 | 0 | 无 | 0.00 |
| 2020 | 成年阶段 | 0 | 无 | 0.00 |
| | 老龄化初级阶段 | 12 | 金华、杭州、温州、合肥、苏州、宁波、淮北、宿迁、亳州、南京、阜阳、台州 | 29.27 |
| | 老龄化中度阶段 | 27 | 嘉兴、蚌埠、连云港、无锡、徐州、宿州、常州、丽水、湖州、滁州、芜湖、绍兴等 | 65.85 |
| | 老龄化重度阶段 | 2 | 泰州、南通 | 4.88 |

## 二、长三角市域尺度老年人口聚集度

老龄化系数是测度老龄化的静态指标,然而比较单一和片面,难以描述老龄化的相对状况和综合状况,因此本研究采用老年人口集聚度来衡量长三角各市域老年人口相对于全国老年人的人口集聚程度。老年人口集聚度是指一个地区相对于全国老年人的人口集聚程度,可以用某一个地区以占全国1%的国土面积上集聚的全国老年人口的比重来表示,与人口丰沛度具有同等意义(赵东霞 等,2017)。计算公式为:

$$JJD_i = \frac{(\frac{P_i}{P_n}) * 100\%}{(\frac{A_i}{A_n}) * 100\%} = \frac{\frac{P_i}{A_i}}{\frac{P_n}{A_n}} \tag{3}$$

式中：$JJD_i$ 是 $i$ 市的人口集聚度，$P_i$ 是 $i$ 市的老年人口总数，$A_i$ 是 $i$ 市的土地面积，$P_n$ 是全国老年人口总数，$A_n$ 全国土地面积。

依据有关学者对全国人口集疏程度分级评价标准，即人口密集区（JJD≥2）、人口均值区（0.5＜JJD＜2）和人口稀疏区（JJD≤0.5）三个类别，其中人口密集区进一步分为高密区（JJD≥8）、中密区（4≤JJD＜8）、低密区（2≤JJD＜4）；人口均值区分为均上区（1≤JJD＜2）、均下区（0.5＜JJD＜1）；人口稀疏区分为相对稀疏区（0.2＜JJD≤0.5）、绝对稀疏区（0.05＜JJD≤0.2）和极端稀疏区（JJD≤0.05）共八个级别（刘睿文 等，2010），利用公式（3）计算2020年长三角各城市老年人口集聚度，借助GIS软件，将长三角各市域老年人口划分为五种类型：极高密度区（JJD＞12）、高密度区（9＜JJD≤12）、中密度区（6＜JJD≤9）、低密度区（3＜JJD≤6）以及稀疏区（JJD≤3）（如表2.9）。

表2.9显示，老年人口低密度地区城市个数最多，超过一半（51.22%）市域老年人口的集聚度都在低密度区，如淮安市老年人口集聚度为3.75；排名第二的是稀疏区，共包括8个地区，约占19.51%，主要分布在长三角西部内陆地区，其中丽水市老年人口集聚度最低，仅为1.12；排名第三的是中密度区，共6个地区，约占14.63%，主要集聚在江苏的南通、泰州、扬州等地；排名第四的是高密度区，约有12.20%的地区属于此种类型，主要分布在京沪线沿线的苏州、无锡、南京等地；极高密度区仅有上海市1个地区，老年人口密集度高达32.15，远远高于该区域其他市域。可见，上海的老年人口聚集度远高于其他地区，意味着上海老年人养老需求量远远高于该区域其他地区，因此，在进行养老服务资源配置时应给予特殊倾斜。

表 2.9 2020 年长三角市域老年人口集聚度

| 年份 | 老年人口集聚度 | 数量（个） | 地区 | 占比（%） |
|------|------|------|------|------|
| 2020 | 极高密度区 | 1 | 上海 | 2.44 |
| | 高密度区 | 5 | 无锡、南京、苏州、嘉兴、常州 | 12.20 |
| | 中密度区 | 6 | 泰州、南通、镇江、扬州、舟山、宁波 | 14.63 |
| | 低密度区 | 21 | 徐州、阜阳、绍兴、合肥、芜湖、淮北、马鞍山、温州、台州、湖州、淮南、连云港、杭州、亳州、蚌埠、宿州、宿迁、盐城、铜陵、金华、淮安 | 51.22 |
| | 稀疏区 | 8 | 安庆、六安、衢州、滁州、宣城、池州、黄山、丽水 | 19.51 |

## 三、长三角市域人口老龄化空间格局演变

运用 Getis-ord Gi* 指数来识别区域要素空间的高值簇与低值簇，即冷热点地区的空间分布格局，通过冷热点地区的空间变化来深入探究研究对象的空间格局演变。公式如下（Getis A，1992；Anselin L，1995；靳诚、陆玉麒，2009）：

$$G_i^* = \frac{\sum_{j=1}^{n} W_{ij} x_j}{\sum_{j=1, j \neq i}^{n} x_j} \tag{4}$$

为便于解释与比较，对 $G_i^*$ 进行标准化处理：$Z(G_i^*) = \dfrac{G_i^* - E(G_i^*)}{\sqrt{Var(G_i^*)}}$ （5）

式中：$E(G_i^*)$ 与 $Var(G_i^*)$ 分别是 $G_i^*$ 的数学期望和标准差，$W_{ij}$ 是以距离规则定义的空间权重，同样空间范围相邻为 1，不相邻为 0。$Z(G_i^*)$ 若 >0，且显著，表明位置 $i$ 周围的值相对较高（高于均值），属于高值空间集聚（热点地区）；反之，$Z(G_i^*)$ 若 <0，且显著，表明位置 $i$ 周围的值相对较低（低于均值），属于低值空间集聚（冷点地区）。

长三角市域人口老龄化冷、热点地区空间东西分异较为显著，热点地区则聚集在江苏的南通、盐城等东部地区，冷点地区的空间格局主要在合肥、杭州、温州

等地区;次冷点地区分散在阜阳等长三角的北部地区以及丽水市等西南部,而次热点地区则相对成片集中于长三角的安庆、芜湖等中西部和淮安等东部,说明长三角老年人口结构具有较显著的核心—边缘结构。可见,南通、盐城、泰州以及扬州等热点地区的养老需求较大,苏州、合肥、金华、温州等冷点地区养老需求较小。

表 2.10　2020 年长三角市域人口老龄化冷热点分析

| 年份 | 冷热点区 | 数量（个） | 地区 | 占比（%） |
|---|---|---|---|---|
| 2020 | 热点区 | 4 | 盐城、泰州、南通、扬州 | 9.76 |
| | 冷点区 | 6 | 合肥、苏州、杭州、金华、宁波、温州 | 14.63 |

## 第三节　长三角县域人口老龄化空间格局

人口老龄化已成为国际社会普遍关注的话题,根据联合国对老龄化社会的衡量标准,"某一个国家或地区 60 岁及以上老年人口占国家或地区总人口比重达到 10% 以上,或 65 岁及以上老年人口占国家或地区总人口比重达到 7% 以上",说明该国或该地区成为老龄化社会,世界许多国家的老年人口规模在总人口中的比重日趋增长,逐步进入老龄化社会(陶涛 等,2019)。自 2000 年,中国 60 岁及以上老年人口占全国人口规模人口比重超过了 10%,中国正式宣告步入老龄化社会已经超过 20 年。根据第七次全国人口普查结果,2020 年中国 60 岁及以上老年人口已达到 2.6 亿人,占全国总人口的 18.7%。随着医疗技术的进步和养老保障体系的不断完善,生育率以及平均预期寿命的延长( Muhammad,et al.,2022；Chen Cynthia,et al.,2018），中国老年人口的数量在总人口中比重处于速升阶段，人口老龄化程度日趋加深，进一步加快，且在低生育率的作用下，出生人口规模持续下降的态势下，未来中国人口年龄结构的变化趋势将不断强化（王广州，2019；杨菊华 等，2019）。

中国幅员辽阔，各个地区的社会经济发展状况水平有高有低，长三角地区作为中国沿海重要的发展区域，是城镇化和工业化程度最高的地区之一，也是人口老龄化程度较高的地区。截至 2020 年，长三角区域拥有常住人口 2.3 亿人，60 岁及以上老年人口 4786 万人，占总人口的 20.3%，相比第五次全国人口普查和第六次全国人口普查，60 岁及以上老年人口比例分别上升 8 个百分点和 5 个百分点。近年来，长三角老龄化程度明显加深，面对严峻的老龄化现象，在长三角一体化战略背景下，研究长三角老龄化空间格局分布的特点，揭示区域人口老龄化现状、分布特点和变化规律，对推动长三角养老服务高质量发展有重要现实意义。

学者对人口老龄化空间分布的研究主要是从世界、国家和城乡等不同区域尺度对老年人口空间分布和集聚进行分析。在世界层面，有研究采用分位数线性回归和贝叶斯时空层次模型通过分析 1960—2017 年世界老年人口的时空演变进程，研究发现全球大部分国家老龄化程度逐渐上升，也有少数低龄化国家的老龄化程度呈下降趋势（Li Junming,et al.,2019）。在国家层面，有研究通过时间和空间的自相关性分析了意大利在 2002—2014 年的老龄化数据空间分布的动态变化，结果表明意大利省际年龄结构趋向收敛（Reynaud Cecilia,et al.,2018）。

国内的研究主要遵循国外的研究模式，在国家和区域层面分析老龄化的时空演变差异和成因。在国家层面，中国在自然因素和社会经济因素的双重条件下，人口老龄化分布格局具有动态的稳定性（刘涛 等，2022）。"胡焕庸线"是中国人口密度分布的重要分界线，中国老龄化程度的空间分布格局同样以"胡焕庸线"为主要分界线，与自然环境、经济发展水平相似，表现出地区发展的不平衡性，东西部存在显著差异。在省域尺度中，有研究通过老年人口率、老年抚养比、

GDP 和城镇化率等因素运用空间自相关、核密度估计和变异系数等方法解释了中国各省人口老龄化空间分布演化和社会经济因素的差异（Man Wang，et al.，2021）。在县域尺度中，有研究应用标准差椭圆、地理探测器等方法分析县域单元人口老龄化的空间分布及影响因素（王录仓 等，2016）。在不同空间尺度的研究中，这一分布格局数十年后均未有巨大变化。但随着交通条件和社会经济的发展，自然条件对人口流动的制约越来越低，改变了区域人口集聚水平的高低，中国人口老龄化空间格局呈现出区域动态变化的特征，在全国范围内逐渐显现以重庆为圆心向外扩散的圈层格局，"东—中—西"递增的格局趋向模糊（吴连霞 等，2018）。

在区域层面，学者在省域、市域和县域等不同尺度的区域内采用老龄化系数、老龄化速度、抚养比、老少比等指标衡量区域的老龄化程度，运用泰尔指数、标准差椭圆分析、多元线性回归、地理空间分析、人口中心迁移等方法探究区域内老龄化空间的分异，并根据年均气温、绿化覆盖率、地形条件等自然因素和受教育程度、人均 GDP、医疗卫生水平等社会经济因素以及人口迁入迁出等人口因素分析区域人口老龄化差异的原因（解韬 等，2021；赵媛 等，2015；闫东升 等，2020；徐昀、徐彦，2022）。在广州市的研究中应用因子生态分析法和聚类分析方法划分老年人口的区域类型，并从城市变迁和住房发展等方面探讨了广州市人口老龄化空间差异产生的机制（周春山 等，2018），在东北区域的研究中运用老龄化系数、老少比等静态指标、年龄结构变化、老年人口增速等动态指标、空间自相关性方法分析在县级尺度中人口老龄化空间格局的演变和类型划分（刘鉴 等，2020），在长三角城市群的研究中通过变异系数和老龄化系数的增长分析长三角城市群市域尺度的差异和内部稳定（孙茂龙，2014）。

总体来看，国内外人口老龄化在时空演进上主要表现出空间的集聚稳定性和时间的动态变化性，并且在时间的维度演进中能够探究不同自然和社会经济因素对区域老龄化变化产生的影响。尽管关于老龄化区域格局分布的研究不断增加，但在中微观的区域层面，对于市域尺度或县域尺度的研究较少，在指标选取上主要以自然环境因素和宏观的社会经济因素作为形成老龄化空间分布和影响机制的主要因素,缺乏个体层面影响因素的选取。在当前中国社会不断变迁和经济区域发展不均衡的背景下,城市的社会变迁和空间的发展对人口的集聚产生了影响,从而影响了老年人口的空间分布差异。同时,2020 年中国开展了新一轮的人口普查,新时代中国进入了低生育率、高老龄化、快速城市化和大批人口迁移的社会,新时期对老年人口分布差异的影响因素也会有所改变,之前学者的研究可能不再适用于新时期的变化。因此结合新时期的人口社会的特征分析能够更好地诠释老年人口变化的新趋势和新的影响机制。长三角作为中国经济发展水平较高的区域,吸引着大量人口的流入,外部人口的流入和区域内部原有的人口分布格局对于老龄化的分布有重要的影响。基于此,本书采用第五次、第六次和第七次长三角县域尺度的人口普查资料和相关社会经济数据,并选取有关个体层面的因素,分析 21 世纪进入老龄化社会以来长三角区域老年人口分布格局的时空演化以及差异,并尝试探究 20 年来影响其变化的社会经济原因,以便发现长三角区域老年人口空间新时期转变的特点,为长三角积极应对人口老龄化和养老服务资源合理配置提供参考。

## 一、县域范围与研究方法

### (一)县域范围及数据

研究区域为长三角地区的上海、江苏、浙江、安徽三省一市共 306 个县级行政单位,自 2000 年第五次全国人口普查到 2020 年第七次全国人口普查,长三角地区县市区经过多次调整,在保证各县市区数据的准确性的前提下,本研究进行区域的拆分合并,将计算数据统一以 2020 年行政区划名称为准。

本研究人口数据来源于国家统计局第五次、第六次和第七次全国人口普查数据,老龄化影响因素数据来源于 2001 年、2011 年和 2021 年《上海统计年鉴》《江苏统计年鉴》《浙江统计年鉴》《安徽统计年鉴》。

### (二)研究方法

#### 1. 泰尔系数

泰尔系数是由 Theil 从熵理念中提出的概念,用来测度地区差异的系数。它能够将总体差异分解出区域间差异和区域内差异,故该系数既能反映不同区域间的差异和区域内部的差异,也可以衡量区域间和区域内对总体差异的大小。总体差异公式如下(陈明华 等,2018):

$$T = \sum_{i=1}^{n} \frac{X_i}{X} ln(\frac{X_i/X}{Y_i/Y}) \tag{6}$$

$X$、$X_i$分别表示总体和第 $i$ 个地区老年人口数,$Y$、$Y_i$表示总体和第 $i$ 个地区总人口数。总体泰尔系数可分解为区域内差异($T_W$)和区域间差异($T_B$),公式分解如下:

$$T = T_W + T_B \tag{7}$$

$$T_W = \sum_{j=1}^{m} \frac{X_i}{X} T_j \tag{8}$$

$$T_i = \sum_{i=1}^{s} \frac{X_{ji}}{X_j} ln(\frac{X_{ij}/X_i}{Y_{ij}/Y_i}) \tag{9}$$

$$T_B = \sum_{j=1}^{m} \frac{X_j}{X} ln(\frac{X_j/X}{Y_j/Y}) \tag{10}$$

$T_j$衡量的是第 $j$ 个区域的内部差异,$X_j$、$Y_j$表示第 $j$ 个区域的老年人口数和总人口数,$X_{jt}$、$Y_{jt}$表示第 $j$ 个区域、第 $i$ 个地区的老年人口数和总人口数。

2. 探索性空间数据分析

探索性空间数据分析(Exploratory Data Analysis,ESDA)是一套描述和可视化空间数据分析技术方法的集合,可用来测度空间关联、聚类、热点等模式(Anselin L. ,1999),主要包括 Moran's $I$ 指数、Getis-Ord General $G$ 指数和Getis-Ord $Gi^*$。本研究采用探索性空间数据分析方法,刻画长三角地区老龄化水平的空间分布特征及演化规律(Getis,et al. ,1992;Anselin,1995;Anselin,et al. ,1992)。具体公式如下:

①全局空间自相关

$$I = \frac{\sum_{i=1}^{n} \sum_{j=1}^{n} (X_i - \overline{X})(X_j - \overline{X})}{S^2 \sum_{i=1}^{n} \sum_{j=1}^{n} (W_{ij})} \tag{11}$$

其中,$n$ 为空间单元总数;$W_{ij}$为表征区域空间相邻的权重矩阵;$X_i$ 和 $X_j$ 为区域

$i$ 和区域 $j$ 的观测值；$\overline{X}$ 是 $X_i$ 的平均值；$S^2$ 为 $\sum_{i=1}^{n} \frac{(X_i - \overline{X})^2}{n}$。

②局部空间自相关

$$I_i = Z_j \sum_{j \neq i}^{n} W_{ij} Z_j \qquad (12)$$

其中，$Z_i$ 和 $Z_j$ 分别代表区域 $i$ 和区域 $j$ 统计属性变量的标准化得分，$W_{ij}$ 是空间连接权重矩阵。

③热点分析

$$G_i^* = \frac{\sum_{j=1}^{n} W_{ij} x_j}{\sum_{j=1, j \neq i}^{n} x_j} \qquad (13)$$

对 $G_i^*$ 进行标准化处理：$Z(G_i^*) = \dfrac{G_i^* - E(G_i^*)}{\sqrt{Var(G_i^*)}}$ $\qquad (14)$

$n$ 代表观测值的数量；$x_i$ 与 $x_j$ 分别代表位置 $i$ 与 $j$ 的观测值；$\overline{x}$ 代表平均值；$W_{ij}$ 代表空间权重，当空间相邻时为 1，不相邻时为 0；$E(G_i^*)$ 与 $Var(G_i^*)$ 分别是 $G_i^*$ 的数学期望和标准差，若 $Z(G_i^*) > 0$，且显著，代表位置 $i$ 周围的值高于均值，属于热点区；反之，则为冷点区。

## 二、长三角人口老龄化空间分布特征及区域差异

（一）长三角县域老龄化系数与老少比整体上升，且范围不断扩大

老龄化系数和老少比是衡量区域人口老龄化的重要指标，依据国际标准，老年人口定义为 65 岁及以上的人口，青少年人口定义为 0—14 岁的人口。老龄化系数（W）是指某一区域、某一时期老年人口占总人口的比重，老少比是指某一地区、某一时期老年人口与青少年人口的比重。从 2000 年到 2020 年的二十年间，长三角地区各县级单元的老龄化系数和老少比均整体表现出明显的上升态势。

从老龄化系数来看，参考吴连霞等（2018）的分类标准，依据老龄化系数划分人口发展的不同阶段：年轻阶段（W≤4%）、成年阶段（4%＜W＜7%）以及老龄化阶段（W≥7%），其中老龄化阶段可分为老龄化初级阶段（7%≤W＜14%）、老

龄化中度阶段(14%≤W<21%)和老龄化重度阶段(W≥21%)。2000年长三角地区县级单元成年阶段的区域零散分布,近九成已进入老龄化阶段,但大部分位于老龄化初级阶段,仅有个别区县进入老龄化中度阶段。如表2.11,2000年长三角地区已基本进入老龄化阶段,但仍处于成年阶段的区域零星分布,主要集中在东北部的连云区、灌云县等地,西北部的霍邱县、临泉县、金寨县等地以及南部的龙湾区、义乌市等地,进入老龄化阶段的大范围区域是老龄化初级阶段,上海市静安区、虹口区等市中心区已处于老龄化中度阶段。2010年,长三角地区县级单元已基本进入老龄化阶段,不到一成地区处于成年阶段,老龄化中度阶段的地区也不足一成。2010年长三角地区人口老龄化加深趋势逐渐扩散,大部分区县已进入老龄化阶段,但蜀山区、义乌市等地仍处于成年阶段,同时吴中区、昆山市、松江区等地由老龄化初级阶段变为成年阶段,老龄化中度阶段的地区持续扩散,从崇明区到高邮市一带以及西南部的文成县进入了老龄化中度阶段。2020年,长三角地区县级单位近六成进入老龄化中度阶段,老龄化重度阶段的地区近一成。2020年,长三角地区人口老龄化持续加重,老龄化中度阶段以东北部和西部为主,从崇明区到高邮市一带进入老龄化重度阶段,同时和县、泾县、旌德县、绩溪县和淳安县由老龄化中度阶段进入老龄化重度阶段。2000—2020年,除龙湾区始终处于成年阶段外,其他地区老龄化系数均有不同程度的增长,以崇明区到高邮市东北一带以及泾县、和县、旌德县、绩溪县和淳安县等区县增长最为明显。从两个10年的对比来看,2000—2010年老龄化系数增长的地区主要集中在崇明区到高邮市的东北一带,老龄化系数也存在下降的地区,集中在吴中区、昆山市、松江区上海和苏州交界地区。2010—2020年老龄化系数增长的地区仍然集中在崇明区到高邮市的东北一带,存在时期继承的特征,老龄化系数整体增长速度快于2000—2010年,其中泾县、和县、旌德县、绩溪县和淳安县增长情况相对于其他区域更为显著。

表 2.11 2000—2020 年长三角地区县域老龄化系数

| 年份 | 人口发展模式类型 | 数量（个） | 地区 | 占比（%） |
|---|---|---|---|---|
| 2000 | 年轻阶段 | 1 | 龙湾区 | 0.33 |
| | 成年阶段 | 38 | 相山区、烈山区、包河区、亭湖区、鹿城区、瓯海区、新北区、清江浦区、铜官区、金寨县、江干区、虎丘区、灌南县、蜀山区等 | 12.42 |
| | 老龄化初级阶段 | 264 | 阜南县、苍南县、龙港市、滨海县、广陵区、大观区、涟水县、岳西县、繁昌区、金安区、泉山区、玉环市、鼓楼区、鸠江区、无为市等 | 86.27 |
| | 老龄化中度阶段 | 3 | 虹口区、静安区、黄浦区 | 0.98 |
| | 老龄化重度阶段 | 0 | 无 | 0.00 |
| 2010 | 年轻阶段 | 1 | 龙湾区 | 0.33 |
| | 成年阶段 | 14 | 瓯海区、滨江区、江干区、蜀山区、昆山市、鹿城区、松江区、义乌市、虎丘区、相城区、镇海区、吴中区、瑶海区等 | 4.58 |
| | 老龄化初级阶段 | 272 | 青浦区、玉环市、鄞州区、北仑区、栖霞区、嘉定区、雨花台区、瑞安市、建邺区、相山区、江北区、乐清市、清江浦区、惠山区等 | 88.89 |
| | 老龄化中度阶段 | 19 | 高邮市、徐汇区、虹口区、高港区、黄浦区、江都区、泰兴市、兴化市、姜堰区、文成县、如皋市、东台市、海门区、海安市、通州区等 | 6.21 |
| | 老龄化重度阶段 | 0 | 无 | 0.00 |
| 2020 | 年轻阶段 | 0 | 无 | 0.00 |
| | 成年阶段 | 2 | 龙湾区、滨江区 | 0.65 |
| | 老龄化初级阶段 | 96 | 义乌市、江干区、蜀山区、瓯海区、瑶海区、余杭区、昆山市、包河区、虎丘区、吴中区、永康市、龙港市、西湖区、北仑区、玉环市等 | 31.37 |
| | 老龄化中度阶段 | 181 | 闵行区、安吉县、富阳区、宁海县、浦江县、钟楼区、禹会区、平阳县、九华山风景区、涡阳县、岳西县、嘉善县、新沂市、亭湖区等 | 59.15 |
| | 老龄化重度阶段 | 27 | 泾县、普陀区、金湖县、嵊泗县、和县、大丰区、杨浦区、静安区、旌德县、淳安县、绩溪县、建湖县、泰兴市、海门区、虹口区等 | 8.82 |

　　从老少比来看,2000 年长三角区域各县级单位老少比水平较低,以普陀区为中心向外辐射并梯度下降。如表 2.12 所示,2000 年长三角区域县级单位老少比水平偏低,以 50% 以下为主,并主要集中在北部、西部及南部,东部地区老少比水平与其他地区较高,普陀区等上海市中心地区达到了 100% 以上,且向外辐射扩散,总体呈现扇形梯度下降的特征。2010 年长三角区域各县级单位老少比水平以 50% 以上为主,低水平地区零散分布。2010 年长三角区域老少比水平以 50% 以上为主,其中中部地区达到了 70% 以上,崇明区到高邮市一带老少比水平超过 100%,其他老少比水平超过 100% 的,如旌德县、建德市等地区零星分布,低于 50% 的地区零散分布在北部及南部。2020 年长三角区域各县级单位老少比水平均超过 30%,中部和南部地区以 70% 以上为主,北部地区以 50%—70% 水平为主。2020 年长三角区域老少比水平均超过 30%,中部南部地区基本在 70% 以上,其中超过 100% 的地区达到一半以上,北部地区老少比水平主要为 50%—70%,与中部地区差异较大。2000—2020 年,长三角各区县老少比水平均有不同程度的提高,形成从由上海市普陀区向外扇形扩散梯度下降演化到从中部到南北两部逐渐下降的空间格局。两个不同时期进行对比来看:2000—2010 年长三角区域老少比水平总体提升,且中部和东部地区提升速度大部分超过 20%,其中高邮市、兴化市、东台市、旌德县、建德市等地区提升速度超过了 30%,但蜀山区等地区老少比水平表现出下降的态势。2010—2020 年长三角区域老少比水平保持上升的趋势,中部扩散范围加大,整体提升速度与前十年相比加快,但吴中区、余杭区等地区也有下降的现象。

表 2.12　2000—2020 年长三角地区县域老少比

| 年份 | 老少比（％） | 数量（个） | 地区 | 占比（％） |
|---|---|---|---|---|
| 2000 | <50 | 188 | 潘集区、临泉县、烈山区、阜南县、灌云县、宿松县、相山区、灌南县、沭阳县、枞阳县、望江县、怀远县、定远县、叶集区等 | 61.44 |
| | 50—100 | 110 | 京口区、广陵区、缙云县、海盐县、路桥区、临海市、松阳县、江山市、东阳市、栖霞区、丹阳市、蜀山区、越城区、磐安县等 | 35.95 |
| | 100—150 | 7 | 上城区、普陀区、杨浦区、长宁区、徐汇区、静安区、虹口区 | 2.29 |
| | 150—200 | 1 | 黄浦区 | 0.33 |
| | >200 | 0 | 无 | 0.00 |
| 2010 | <50 | 30 | 龙湾区、阜南县、利辛县、涡阳县、蒙城县、瓯海区、临泉县、灌南县、颍州区、滨江区、太和县、灌云县、谯城区、响水县等 | 9.80 |
| | 50—100 | 227 | 霍邱县、新沂市、颍东区、瑞安市、潘集区、叶集区、岳西县、海州区、界首市、沭阳县、泗阳县、凤阳县、泗县、滨海县等 | 74.18 |
| | 100—150 | 35 | 仪征市、建德市、旌德县、崇川区、吴江区、句容市、普陀区、扬中市、玄武区、宜兴市、下城区、高淳区、梁溪区、泰兴市等 | 11.44 |
| | 150—200 | 8 | 上城区、东台市、通州区、普陀区、启东市、海安市、静安区、徐汇区 | 2.61 |
| | >200 | 6 | 长宁区、杨浦区、虹口区、黄浦区、如东县、崇明区 | 1.96 |

| 年份 | 老少比（％） | 数量（个） | 地区 | 占比（％） |
|---|---|---|---|---|
| 2020 | <50 | 5 | 颍州区、蒙城县、蜀山区、瑶海区、阜南县 | 1.63 |
| | 50—100 | 132 | 滨江区、宿城区、龙湾区、包河区、义乌市、灵璧县、涡阳县、利辛县、龙港市、沭阳县、谯城区、淮上区、江干区、相山区等 | 43.14 |
| | 100—150 | 117 | 南湖区、望江县、吴江区、太湖县、崇川区、天台县、寿县、松江区、杜集区、明光市、洞头区、文成县、淮安区、庐江县等 | 38.24 |
| | 150—200 | 32 | 石台县、八公山区、宝山区、奉化区、扬中市、建德市、旌德县、高港区、溧阳市、龙游县、泾县、句容市、上虞区、宜兴市等 | 10.46 |
| | >200 | 20 | 徐汇区、海门区、黄浦区、通州区、姜堰区、大丰区、普陀区、江都区、长宁区、高邮市、静安区、杨浦区、海安市、东台市等 | 6.54 |

（二）长三角县域人口老龄化差异明显，且呈扩大趋势

老龄化系数和老少比能够衡量长三角区域整体的老龄化程度，但无法反映人口老龄化地区的县域差异，因此本研究采用泰尔系数来反映长三角区域人口老龄化在县域之间的差异。

长三角区域人口老龄化地区的县域差异明显，呈扩大趋势，区域间差异与区域内差异出现波动。长三角区域人口老龄化泰尔系数从2000年的0.0196上升到2010年的0.0289，后上升到2020年的0.0394，由此可见，长三角区域人口老龄化县域间的差异呈持续扩大的趋势。区域间差异与区域内差异在贡献率上出现波动，区域间差异向上波动，区域内差异向下波动。区域间泰尔系数贡献率从2000年的67％上升到2010年的94％，又下降到2020年的80％，可见区域间贡献率出现先上升后下降的特征。区域内泰尔系数贡献率从2000年的33％下降至2010年的6％，后上升到2020年的20％。但区域间的贡献率始终高于区域内

贡献率,说明长三角区域的人口老龄化差异不断扩大主要是由区域间差异造成的。

**表 2.13　2000 年、2010 年和 2020 年长三角区域县域尺度人口老龄化差异**

| 年份 | 总体差异 | 区域间差异 | 区域内差异 | 区域间贡献率（%） | 区域内贡献率（%） |
|------|----------|------------|------------|------------------|------------------|
| 2000 | 0.0196 | 0.0130 | 0.0066 | 67 | 33 |
| 2010 | 0.0289 | 0.0272 | 0.0017 | 94 | 6 |
| 2020 | 0.0394 | 0.0314 | 0.0080 | 80 | 20 |

## 三、长三角县域人口老龄化空间关联特征

（一）2000—2020 年长三角县级单元人口老龄化存在集聚现象,但集聚程度明显减弱

对长三角各区县老龄化系数和老少比进行全局自相关分析,从表 2.14 可看出,长三角各区县 Moran's $I$ 始终为正,表明长三角地区的人口老龄化存在正向的空间相关性,并有集聚现象,即人口老龄化程度深的区县,其周边人口老龄化程度也严重;人口老龄化程度较轻的区县,其周边人口老龄化程度也较轻。从 2000 年到 2020 年,长三角老龄化系数和老少比的 Moran's $I$ 指数明显下降,2010 年的 Moran's $I$ 小于 2000 年,2020 年的 Moran's $I$ 又大于 2010 年但小于 2000 年,表明空间集聚程度在时间上明显减弱,具体呈现出先减弱再增强的态势。

表 2.14 2000—2020 年长三角老龄化系数和老少比的全局 Moran's *I*

| 年份 | 统计参数 | 老龄化系数 | 老少比 |
|------|----------|-----------|--------|
| | Moran's *I* | 0.57 | 1.04 |
| 2000 | P 值检验 | 0.00 | 0.00 |
| | Z 统计值 | 18.76 | 33.97 |
| | Moran's *I* | 0.33 | 0.67 |
| 2010 | P 值检验 | 0.00 | 0.00 |
| | Z 统计值 | 10.86 | 21.96 |
| | Moran's *I* | 0.37 | 0.53 |
| 2020 | P 值检验 | 0.00 | 0.00 |
| | Z 统计值 | 11.94 | 17.31 |

(二)2000—2020 年长三角县级单元老龄化系数和老少比空间集聚类型均以高高集聚和低低集聚为主

如表 2.15、表 2.16 所示,2000—2020 年间,LISA 分析的局部空间自相关显示长三角各区县的老龄化系数和老少比整体空间集聚类型均以高高集聚和低低集聚为主。

**表 2.15　2000—2020 年长三角地区老龄化系数 LISA 分布**

| 年份 | 集聚类型 | 数量（个） | 地区 | 占比（%） |
|---|---|---|---|---|
| 2000 | H-H 型 | 22 | 东台市、海安市、泰兴市、如东县、如皋市、通州区、启东市、海门区、崇明区、太仓市、昆山市、浦东新区、奉贤区、金山区等 | 7.19 |
| | H-L 型 | 0 | 无 | 0.00 |
| | L-H 型 | 1 | 萧山区 | 0.33 |
| | L-L 型 | 12 | 龙湾区、平阳县、庐江县、肥西县、蜀山区、叶集区、烈山区、淮安区、响水县、连云区、灌云县、灌南县 | 3.92 |
| 2010 | H-H 型 | 17 | 宝应县、大丰区、亭湖区、高邮市、江都区、东台市、海安市、泰兴市、如东县、如皋市、通州区、启东市、海门区、崇明区、云和县等 | 5.56 |
| | H-L 型 | 2 | 德清县、龙湾区 | 0.65 |
| | L-H 型 | 0 | 无 | 0.00 |
| | L-L 型 | 11 | 蜀山区、丹阳市、江宁区、吴中区、昆山市、萧山区、鄞州区、北仑区、瑞安市、乐清市、平阳县 | 3.59 |
| 2020 | H-H 型 | 19 | 宝应县、大丰区、亭湖区、高邮市、兴化市、江都区、东台市、海安市、泰兴市、如东县、如皋市、通州区、启东市、崇明区、太仓市等 | 6.21 |
| | H-L 型 | 1 | 吴兴区 | 0.33 |
| | L-H 型 | 1 | 海门区 | 0.33 |
| | L-L 型 | 12 | 蜀山区、肥西县、吴中区、吴江区、昆山市、义乌市、磐安市、鄞州区、北仑区、乐清市、瑞安市、玉环市 | 3.92 |

表 2.16 2000—2020 年长三角地区老少比 LISA 分布

| 年份 | 集聚类型 | 数量（个） | 地区 | 占比（%） |
|---|---|---|---|---|
| 2000 | H-H 型 | 12 | 海安市、如东县、如皋市、通州区、启东市、海门区、崇明区、太仓市、昆山市、浦东新区、奉贤区、金山区 | 3.92 |
| | H-L 型 | 0 | 无 | 0.00 |
| | L-H 型 | 0 | 无 | 0.00 |
| | L-L 型 | 12 | 临泉县、阜南县、利辛县、凤台县、蒙城县、埇桥区、烈山区、泗阳县、淮阴区、灌云县、响水县、灌南县 | 3.92 |
| 2010 | H-H 型 | 18 | 宝应县、大丰区、亭湖区、高邮市、江都区、东台市、海安市、泰兴市、如东县、如皋市、通州区、启东市、海门区、崇明区、太仓市等 | 5.88 |
| | H-L 型 | 0 | 无 | 0.00 |
| | L-H 型 | 1 | 松江区 | 0.33 |
| | L-L 型 | 12 | 临泉县、阜南县、利辛县、凤台县、蒙城县、涡阳县、谯城区、太和县、灌云县、响水县、灌南县、龙湾区 | 3.92 |
| 2020 | H-H 型 | 19 | 宝应县、大丰区、亭湖区、高邮市、江都区、东台市、海安市、泰兴市、如东县、如皋市、通州区、启东市、海门区、崇明区、太仓市等 | 6.21 |
| | H-L 型 | 0 | 无 | 0.00 |
| | L-H 型 | 0 | 无 | 0.00 |
| | L-L 型 | 13 | 临泉县、阜南县、利辛县、凤台县、蒙城县、埇桥区、烈山区、泗阳县、淮阴区、新沂市、泗县、灵璧县、固镇县 | 4.25 |

　　从老龄化系数来看,2000年高高集聚地区主要分布在东部和西南部,低低集聚类型分布在西部和东北部。2000年高高集聚地区主要集中在东部的奉贤区、浦东新区、昆山市及崇明区到海安市一带的地区和西南部,表明该地区与周边地区的老龄化系数差异较小,主要是高值集中分布。低低集聚地区主要集中在西部的蜀山区、庐江县和东北部的连云区、响水县以及龙湾区等零星分布的地区,表明该地区与周边地区低值集中分布。2010年高高集聚地区集中在东部和西南部,低低集聚地区零散分布在东南部沿海地区和中部地区。2010年高高集聚地区主要分布在东部的崇明区到高邮市一带和西南部云和县等地区,低低集聚地区分布较为零散,主要分布在瑞安市、鄞州区等东南沿海地区和中部的吴中区、昆山市、蜀山区等地区。2020年高高集聚地区集中分布在东部和西部,低低集聚地区零散分布在西北、中部和东南部。2020年,高高集聚地区主要集中在徐汇区、虹口区、静安区等地区以及崇明区至高邮市一带地区,低低集聚类型的地区呈现零星分布的特征,分布在西部蜀山区、肥西县,中部吴中区、吴江区,东南部鄞州区、瑞安市等地区。2000—2020年,长三角各区县老龄化系数空间集聚类型以高高集聚和低低集聚为主,且东部地区的高高集聚地区和西部的低低集聚地区存在时间继承性。2000—2010年,长三角区域高高集聚地区保持集中在东部沿海的崇明区到海安市一带并向外扩散至高邮市和西南部的文成县、泰顺县等地区,低低集聚地区包括蜀山区、瓯海区等。2010—2020年,长三角区域高高集聚地区和低低集聚地区与前十年相比较为稳定,东部的高高集聚地区依旧保持在崇明区至高邮市一带,西南部文成县等地区不再显著,但泾县、旌德县等地区呈现出高高集聚的特征,低低集聚地区在原有基础上向外扩散,蜀山区、余杭区、吴中区等地区均向外扩散了部分区县。

　　2000年长三角区域老少比水平高高集聚地区集中分布在上海及其周边地区,如昆山市、启东市、海门区等地区,低低集聚地区主要分布在西北部的临泉县、蒙城县、埇桥区以及东北部的灌云县、泗阳县等地区。2010年高高集聚地区集中在东部沿海地区,低低集聚地区分布在西北部和东北部地区。2010年长三角区域老少比水平高高集聚地区主要集中分布在东部沿海崇明区至高邮市一带,低低集聚地区分布在西北部的临泉县、蒙城县、谯城区等地区和东北部的灌云县、响水县等地区以及东南部的龙湾区等地区,松江区为 L-H 型地区,说明该地区与周边地区老少比差异较大且水平偏低。2020 年长三角区域老少比水平高高集聚地区主要集中东部崇明区至高邮市一带。低低集聚地区集中分布在西部的临泉县至淮阴区一带。2000—2020 年长三角各县级单位老少比水平空间集聚类型分布变化不大,高高集聚类型主要集中在东部地区,低低集聚类型分布在北部,以西北部为主。以前后两个十年对比来看,2000—2010 年长三角区域老少比水平高高集聚地区从崇明区到海安市一带扩展到高邮市,上海中部、西部和苏州东部的昆山市、吴江区等地区不再显著,西北部的临泉县、蒙城县等地区和东北部的灌云县、响水县等地区始终保持低低集聚,但西部的桐城市、庐江县等地区不再显著,东南部的龙湾区、鹿城区为新增低低集聚的地区。2010—2020 年长三角区域老少比水平高高集聚地区保持继承特征,依旧分布在崇明区至高邮市一带及东部沿海地区,低低集聚地区从北部的东西分布演化为集中在西北部的临泉县至淮阴区一带,东南部龙湾区等地区保持原有格局,并新增蜀山区等地区。

(三)2000—2020 年长三角县级单元老龄化系数和老少比水平热点区以东部为主,北部和南部为冷点区

为进一步探究长三角区域老龄化系数和老少比时空关联性,分别对老龄化系数和老少比进行热点分析,分析结果如表 2.17、表 2.18:2000—2020 年间,东部地区始终是老龄化系数和老少比的热点区,北部和南部是老龄化系数和老少比的冷点区。

表 2.17　2000—2020 年长三角地区老龄化系数冷热点分布

| 年份 | 冷热点区 | 数量（个） | 地区 | 占比（%） |
|---|---|---|---|---|
| 2000 | 热点区 | 6 | 海门区、启东市、崇明区、太仓市、浦东新区、奉贤区 | 1.96 |
| | 冷点区 | 44 | 连云区、灌云县、灌南县、响水县、滨海县、射阳县、阜宁县、淮安区、涟水县、泗阳县、沭阳县、赣榆县、东海县、海州区、泗洪县等 | 14.38 |
| 2010 | 热点区 | 15 | 宝应县、高邮市、兴化市、江都区、东台市、海安市、泰兴市、如东县、如皋市、通州区、启东市、崇明区、太仓市、云和县、泰顺县 | 4.90 |
| | 冷点区 | 22 | 蜀山区、肥西县、连云区、灌云县、江宁区、常熟市、昆山市、吴中区、吴江区、萧山区、富阳区、诸暨市、义乌市、慈溪市、奉化区等 | 7.19 |
| 2020 | 热点区 | 20 | 宝应县、大丰区、亭湖区、高邮市、江都区、东台市、海安市、泰兴市、如东县、如皋市、通州区、启东市、海门区、崇明区等 | 6.54 |
| | 冷点区 | 20 | 常熟市、昆山市、吴中区、吴江区、德清县、萧山区、富阳区、诸暨市、义乌市、武义县、永嘉县、乐清市、温岭市、瑞安市、平阳县等 | 6.54 |

表 2.18　2000—2020 年长三角地区老少比冷热点分布

| 年份 | 冷热点区 | 数量（个） | 地区 | 占比（%） |
|------|---------|-----------|------|----------|
| 2000 | 热点区 | 5 | 昆山市、崇明区、太仓市、浦东新区、奉贤区 | 1.63 |
| | 冷点区 | 47 | 固镇县、泗县、灵璧县、连云区、灌云县、灌南县、响水县、滨海县、射阳县、阜宁县、淮安区、涟水县、泗阳县、沭阳县、赣榆区等 | 15.36 |
| 2010 | 热点区 | 7 | 海安市、如东县、通州区、启东市、崇明区、太仓市、浦东新区、奉贤区 | 2.29 |
| | 冷点区 | 54 | 固镇县、泗县、灵璧县、连云区、灌云县、灌南县、响水县、滨海县、射阳县、阜宁县、淮安区、涟水县、泗阳县、沭阳县、赣榆区等 | 17.65 |
| 2020 | 热点区 | 11 | 东台市、海安市、如东县、通州区、启东市、海门区、崇明区、太仓市、昆山市、浦东新区、奉贤区 | 3.59 |
| | 冷点区 | 48 | 固镇县、泗县、灵璧县、连云区、灌云县、灌南县、响水县、涟水县、泗阳县、沭阳县、赣榆区、东海县、海州区、泗洪县、五河县等 | 15.69 |

　　从老龄化系数来看,2000 年长三角各区县冷点区占主要范围,集中分布在北部地区,热点区范围较小,主要分布在东部上海及其周边地区。2000 年长三角区域热点区集中分布在上海地区以及上海以北的海门区等地区,冷点区主要分布在北部地区且集中分布在射阳县以北地区,以及东南地区的瑞安市、永嘉县等地区,次冷点区和次热点区分布在中部地区。2010 年长三角各区县热点区主要分布在东部和西南部,冷点区分布零散。2010 年长三角区域热点区主要分布在东部的崇明区到高邮市一带,西南部的泰顺县和云和县等地区,次热点区在热点区周围分布,冷点区零散分布,主要在中部的义乌市到常熟市一带,东南部的奉化区等地区,以及北部零星分布的蜀山区、江宁区、连云区等地区,次冷点区分布范围与其他地区相比较广。2020 年长三角各区县热点区集中分布在东北部和西南部地区,冷点区分布零散,南部地区主要呈带状分布。2020 长三角区域热点区集

中分布在东北部的上海和上海向西北方向扩散至高邮市的成片地区,次热点区呈"H"型分布在东部、西部和中部,冷点区分布在南部的武义县到常熟市一带和乐清市、瑞安市等地区,次冷点区集中分布在北部地区,南部零散分布。2000—2020 年,长三角区域热点区范围不断扩大,冷点区范围不断缩小,且从北部的片状分布演化为南部带状分布的空间格局。从不同时期来看,2000—2010 年,热点区范围扩大,东部热点区从上海及其周边地区演化为上海浦东新区、奉贤区以及崇明区至高邮市一带,西部演化出现热点区,冷点区由北部大范围片状分布演化为小范围的零散分布,且北部范围明显缩小,南部瑞安市、永嘉县等地区保持冷点区,次热点区在热点区周围扩散,大部分冷点区演化为次冷点区。与前十年相比,2010—2020 年热点区和次热点区范围在原有格局基础上持续扩散,南部冷点区呈现出武义县到常熟市和苍南县到温岭市的带状分布。

从老少比来看,2000 年长三角区域热点区范围与冷点区范围相比有明显差异。2000 年,长三角热点区主要集中在上海及其周边地区,并向外辐射依次为次热点区、次冷点区和冷点区。冷点区范围较大,成片集中在北部和东南部苍南县、瑞安市、永嘉县等地区。2010 年长三角各区县热点区集中分布在东部地区,冷点区和次冷点区范围较大。2010 年长三角区域热点区主要集中在上海和周边地区,并形成了从崇明区至海安市的带状分布特征,次热点区分布在热点区周边呈片状分布,冷点区主要分布在滨海县到望江县一带以北地区和南部的苍南县到诸暨市和三门县一带。2020 年长三角各区县热点区主要集中在东部,冷点区分布在北部、东南部地区。2020 年长三角区域热点区集中分布在东部的上海地区以及东北部的崇明区至海安市一带,冷点区主要分布于西北部的响水县至金安区一带以北,东南部的苍南县到诸暨市和三门县一带。2000—2020 年,长三角区域老少比冷热点区域分布具有时期继承性,热点区分布在东部地区,冷点区分布在西北部和东南部地区,热点区范围不断扩散,冷点区范围先扩散后缩小。分时期来看,2000—2010 年长三角区域热点区从东部的上海周边区域扩散至东部的海安市等地,冷点区西北部范围有所减少,但东南部分为苍南县、瑞安市等地区的小范围区域扩散至诸暨市和三门县等地片状分布。2010—2020 年长三角区域热点区和次热点区于前一时期继续向北向西扩散,冷点区与前十年相比,北部有所减少,南部范围保持稳定。

## 第四节　长三角市域城、镇、乡人口老龄化 空间格局演变及其驱动机制

人口老龄化已成为世界许多国家和地区的主要人口特征,是国际社会关注的热点话题。中国自 2000 年 65 岁及以上老年人口比重超过 7%,正式宣告步入老龄化社会至今已 20 余年。根据第七次全国人口普查结果,2020 年中国 65 岁及以上老年人口已达到 1.9 亿人,占全国总人口的 13.5%。随着经济社会的发展、医疗技术的进步、生育率的持续下降以及平均预期寿命的延长(Muhammad,et al.,2022;Chen,et al.,2018),未来中国人口老龄化程度日趋加深(王广州,2019;杨菊华 等,2019)。

随着人口老龄化的发展,诸多学者从空间视角探讨人口老龄化现象。学者们从全球、国家、区域、城市内部、省域、市域、县域等不同空间尺度对人口老龄化空间分布差异的动态变化展开研究(Lutz,et al.,2008;Moore,et al.,2004;郭远智 等,2019;王红霞,2019;王录仓 等,2017、2016;吴连霞 等,2018(1)、2018(2);周春山 等,2018)。在驱动机制方面,分别从人口、社会经济和自然环境等不同层面分析了其对人口老龄化的影响(吴连霞 等,2018;吴媛媛、宋玉祥,2020;赵东霞 等,2017)。

长江三角洲地区(简称长三角地区,全书同)位于中国东部地区,是中国经济发展最活跃的区域之一,城镇化水平与老龄化程度均排在全国前列,其内部老龄

化程度差异和驱动因素的独有特征使得长三角地区老龄化进程与其他地区老龄化进程表现出不同的变化。据第七次全国人口普查数据显示,2020年长三角地区拥有常住人口2.3亿人,其中65岁及以上老年人口3550万人,约占长三角地区总人口的15.1%,分别比2000年和2010年高7个百分点和5个百分点。已有研究大多关注老龄化在不同行政区划及城乡间的变化,却忽视了人口老龄化在城、镇、乡间的变化,但随着城镇化的深入,城、镇、乡要素互动频繁,镇的重要性不断显现,人口老龄化在城、镇、乡三类地域空间的演化及驱动机制亟需分类研究。"十四五"规划中强调要促进大、中、小城市和小城镇协调发展。当前中国城镇化发展已进入中后期阶段,中小城市和小城镇已成为城镇化发展的中间节点和人口流动的主要目的地(汤爽爽 等,2022),在这一背景下,探讨城、镇、乡三种类型的人口老龄化时空分布变化和驱动机制,对于城、镇、乡融合协调发展具有重要的理论意义和现实价值。

综上所述,以往研究大多基于全国、省、市、县或城、乡的尺度探讨人口老龄化的时空分异以及其驱动机制,但对区域层面的研究仍有不足,鲜有城、镇、乡尺度的人口老龄化研究,尤其是长三角地区作为走在中国城乡融合的前列的地区,在新型城镇化的背景下,研究长三角地区人口老龄化在城、镇和乡的空间格局演变及驱动机制具有重要的理论与实践价值。为此,本研究以2000年、2010年和2020年全国人口普查数据为基础,以长三角地区为研究区,刻画2000—2020年城、镇、乡的老龄化分布的时空演变过程,为长三角地区在城镇化转型阶段应对人口老龄化提供理论参考和实证依据。

## 一、研究区域、数据来源及研究方法

### (一)研究区域及数据

研究区域为长三角地区的上海、江苏、浙江、安徽共41个城市(市域)的城、镇、乡,自2000年第五次全国人口普查到2020年第七次全国人口普查,长三角地区市县区经过多次调整,在保证各市区数据的准确性,本研究进行区域的拆分合并,将计算数据统一以2020年行政区划名称为准。

本研究人口数据来源于国家统计局第五次、第六次和第七次全国人口普查,老龄化影响因素数据来源于2001年、2011年和2021年《上海统计年鉴》《江苏统计年鉴》《浙江统计年鉴》《安徽统计年鉴》。

(二)研究方法

1. 泰尔系数与探索性空间数据分析

本研究采用泰尔系数与探索性空间数据分析方法,分析长三角市域城、镇、乡人口老龄化的空间差异与空间格局演变特征,具体方法内涵与公式等详见第2章第3节的公式(6)—(14)。

2. 时空地理加权回归模型

时空地理加权回归模型在考虑空间异质性的基础上,引入时间维度,能有效处理时空非平稳性,其主要公式为(Peng,et al.,2019):

$$Y_i = \beta_0(X_i, Y_i, T_i) + \sum_k \beta_k(X_i, Y_i, T_i)X_{ik} + \varepsilon \tag{15}$$

其中,$Y_i$为因变量;$(X_i, Y_i, T_i)$为$i$点的时间空间坐标,其中,$X_i, Y_i$为$i$点的空间地理信息;$\beta_0(X_i, Y_i, T_i)$为$i$点的回归系数,$\beta_k(X_i, Y_i, T_i)$为$i$点的第$k$个回归参数;$X_{ik}$为时空地理加权回归模型指标体系中各个量化指标的值;$\varepsilon$是模型函数的残差。

## 二、长三角市域城、镇、乡人口老龄化空间格局演变特征

(一)长三角城、镇、乡人口老龄化发展趋势及空间差异

1. 长三角人口老龄化程度日益加深,且乡村>镇区>城区

1)长三角各市域老龄化系数均呈明显上升态势,且形成东部和中部高的格局

老龄化系数是衡量地区人口老龄化的重要指标,依据国际标准,老年人口定义为65岁及以上的人口。老龄化系数(W)是指某一区域、某一时期老年人口占总人口的比重。

从老龄化系数来看,参考吴连霞等的分类标准(吴连霞 等,2018),依据老龄化系数划分人口发展的不同阶段:年轻阶段(W≤4%)、成年阶段(4% < W <

7%)以及老龄化阶段(W≥7%),其中老龄化阶段可分为老龄化初级阶段(7%≤W<14%)、老龄化中度阶段(14%≤W<21%)和老龄化重度阶段(W≥21%)。2000年长三角地区基本进入老龄化阶段,除了皖北地区仍处于成年阶段,其余地区为老龄化初级阶段。2010年长三角地区人口老龄化程度逐渐加深,均已进入老龄化阶段,阜阳市和铜陵市从成年阶段进入老龄化初级阶段,苏中地区进入了老龄化中度阶段。2020年,长三角地区人口老龄化持续加重,超六成的地区进入老龄化中度阶段,以苏北、苏南、上海、皖中、浙北等地区为主,苏中地区进入老龄化重度阶段。2000—2020年,长三角市域老龄化程度逐渐加深,老龄化系数均有不同程度的增长,以南通市到泰州市一带增长最为明显。从两个10年的对比来看,2000—2010年老龄化系数增长的地区主要集中在苏中、皖北等地区。2010—2020年老龄化系数增长的地区仍然集中在苏中地区,老龄化系数整体增长速度后10年快于前10年。

2)长三角市域城区人口老龄化程度不断加深,且形成东高西低的格局

2000年长三角地区的城区超六成为成年阶段,近四成为老龄化初级阶段。位于成年阶段的地区主要分布在苏北地区和浙南地区,上海市、苏南、浙东、浙北和浙西地区处于老龄化初级阶段。2010年长三角地区城区近三成是成年阶段,超七成为老龄化初级阶段。皖北、皖中、苏州、浙东和浙南地区处于成年阶段,老龄化初级阶段集中分布在苏北等地区。2020年长三角地区城区均已进入人口老龄化阶段,其中超八成处于老龄化初级阶段。上海市、苏中、苏南以及皖南地区处于老龄化中度阶段,占比超一成,其他地区超八成处于老龄化初级阶段。

3)长三角市域镇区人口老龄化程度比城区更深,且形成中部高、南北低的格局

2000年长三角地区镇区成年阶段和老龄化初级阶段均在五成左右。处于成年阶段的地区有苏北、皖北、皖中和浙南,中部地区主要处于老龄化初级阶段。2010年长三角地区镇区中有九成处于老龄化初级阶段,处于成年阶段和老龄化中度阶段的城市共占一成。处于成年阶段的地区为浙南的温州市和皖中的合肥市,苏东地区处于老龄化中度阶段,其余城市均为老龄化初级阶段。2020年长三

角地区镇区均已进入老龄化阶段,其中超六成地区处于老龄化初级阶段,处于老龄化中度阶段超三成,南通市为老龄化重度阶段。处于老龄化中度阶段的城市主要集中在皖南、浙西、苏中、苏南等地区。

4)长三角市域乡村人口老龄化程度最深,且形成中部高、南北低的格局

2000 年长三角乡村地区均已进入人口老龄化阶段。长三角乡村老龄化分布中超过九五成的地区为老龄化初级阶段,仅上海市处于老龄化中度阶段。2010 年长三角乡村地区中近两成处于老龄化中度阶段,超八成处于老龄化初级阶段。老龄化中度阶段的地区主要位于苏中、浙西和浙南等地,其余地区均为老龄化初级阶段,其中上海市由老龄化中度阶段转为老龄化初级阶段。2020 年长三角乡村地区均处于人口老龄化中度阶段和重度阶段,其中超六成为老龄化重度阶段,近四成为老龄化中度阶段,其中 2010 到 2020 年的 10 年间,有超过四成的乡村从老龄化初级阶段进入老龄化重度阶段。老龄化中度阶段主要集中在皖北、苏北、浙南、浙东地区,上海市和苏州市,苏中、苏南、皖南等地区的乡村处于老龄化重度阶段。

表 2.19　2000—2020 年长三角城区老龄化系数

| 年份 | 人口发展模式类型 | 数量（个） | 地区 | 占比（%） |
|---|---|---|---|---|
| 2000 | 年轻阶段 | 0 | 无 | 0.00 |
| | 成年阶段 | 24 | 淮北、池州、温州、亳州、宣城、宿州、阜阳、铜陵、合肥、安庆、淮安、滁州、金华、舟山、盐城等 | 58.54 |
| | 老龄化初级阶段 | 17 | 蚌埠、镇江、宁波、常州、芜湖、杭州、衢州、台州、南京、绍兴、苏州、无锡、泰州、嘉兴、南通等 | 41.46 |
| | 老龄化中度阶段 | 0 | 无 | 0.00 |
| | 老龄化重度阶段 | 0 | 无 | 0.00 |
| 2010 | 年轻阶段 | 0 | 无 | 0.00 |
| | 成年阶段 | 10 | 温州、金华、丽水、亳州、合肥、阜阳、苏州、台州、宁波、池州 | 24.39 |
| | 老龄化初级阶段 | 31 | 舟山、宣城、嘉兴、杭州、绍兴、淮安、淮北、连云港、滁州、湖州、六安、宿州、衢州、常州、镇江等 | 75.61 |
| | 老龄化中度阶段 | 0 | 无 | 0.00 |
| | 老龄化重度阶段 | 0 | 无 | 0.00 |
| 2020 | 年轻阶段 | 0 | 无 | 0.00 |
| | 成年阶段 | 0 | 无 | 0.00 |
| | 老龄化初级阶段 | 36 | 亳州、金华、六安、宿迁、阜阳、池州、温州、宿州、丽水、杭州、合肥、宣城、台州、嘉兴、苏州等 | 87.80 |
| | 老龄化中度阶段 | 5 | 镇江、马鞍山、泰州、南通、上海 | 12.20 |
| | 老龄化重度阶段 | 0 | 无 | 0.00 |

表 2.20　2000—2020 年长三角镇区老龄化系数

| 年份 | 人口发展模式类型 | 数量（个） | 地区 | 占比（%） |
|---|---|---|---|---|
| 2000 | 年轻阶段 | 0 | 无 | 0.00 |
| | 成年阶段 | 19 | 淮南、温州、淮北、合肥、宿迁、淮安、安庆、连云港、徐州、宿州、阜阳、盐城、池州、亳州等 | 46.34 |
| | 老龄化初级阶段 | 22 | 金华、宁波、扬州、镇江、丽水、黄山、宣城、南京、无锡、常州、舟山、马鞍山、杭州、湖州等 | 53.66 |
| | 老龄化中度阶段 | 0 | 无 | 0.00 |
| | 老龄化重度阶段 | 0 | 无 | 0.00 |
| 2010 | 年轻阶段 | 0 | 无 | 0.00 |
| | 成年阶段 | 2 | 温州、合肥 | 4.88 |
| | 老龄化初级阶段 | 37 | 绍兴、金华、淮南、宁波、上海、台州、亳州、杭州、铜陵、南京、淮北、安庆、连云港、丽水等 | 90.24 |
| | 老龄化中度阶段 | 2 | 泰州、南通 | 4.88 |
| | 老龄化重度阶段 | 0 | 无 | 0.00 |
| 2020 | 年轻阶段 | 0 | 无 | 0.00 |
| | 成年阶段 | 0 | 无 | 0.00 |
| | 老龄化初级阶段 | 26 | 合肥、金华、亳州、宿迁、温州、宁波、蚌埠、阜阳、湖州、苏州、宿州、连云港、杭州、淮北等 | 63.41 |
| | 老龄化中度阶段 | 15 | 黄山、宣城、池州、淮南、无锡、衢州、舟山、马鞍山、盐城、镇江、常州、铜陵、扬州、泰州、南通 | 36.59 |
| | 老龄化重度阶段 | 0 | 无 | 0.00 |

表 2.21　2000—2020 年长三角乡村老龄化系数

| 年份 | 人口发展<br>模式类型 | 数量<br>（个） | 地区 | 占比<br>（%） |
|---|---|---|---|---|
| 2000 | 年轻阶段 | 0 | 无 | 0.00 |
| | 成年阶段 | 0 | 无 | 0.00 |
| | 老龄化初级阶段 | 40 | 芜湖、铜陵、连云港、六安、淮南、阜阳、亳州、合肥、安庆、宿迁、淮安、蚌埠、马鞍山、宣城等 | 97.56 |
| | 老龄化中度阶段 | 1 | 上海 | 2.44 |
| | 老龄化重度阶段 | 0 | 无 | 0.00 |
| 2010 | 年轻阶段 | 0 | 无 | 0.00 |
| | 成年阶段 | 0 | 无 | 0.00 |
| | 老龄化初级阶段 | 34 | 亳州、淮南、淮北、连云港、阜阳、无锡、蚌埠、安庆、苏州、宿州、池州、马鞍山、六安、宁波等 | 82.93 |
| | 老龄化中度阶段 | 7 | 衢州、盐城、舟山、丽水、扬州、泰州、南通 | 17.07 |
| | 老龄化重度阶段 | 0 | 无 | 0.00 |
| 2020 | 年轻阶段 | 0 | 无 | 0.00 |
| | 成年阶段 | 0 | 无 | 0.00 |
| | 老龄化初级阶段 | 0 | 无 | 0.00 |
| | 老龄化中度阶段 | 15 | 淮北、阜阳、亳州、蚌埠、温州、宿州、连云港、台州、上海、宿迁、徐州、金华、宁波、淮南、苏州 | 36.59 |
| | 老龄化重度阶段 | 26 | 无锡、嘉兴、杭州、安庆、丽水、六安、滁州、常州、湖州、南京、铜陵、马鞍山、池州、芜湖等 | 63.41 |

2. 长三角市域人口老龄化空间差异显著, 并呈扩大趋势, 组间差异显著大于组内差异

老龄化系数能够衡量长三角地区整体的老龄化程度, 但无法反映人口老龄化地区的市域差异, 因此本研究采用泰尔系数来反映长三角区域人口老龄化在市域之间的差异。泰尔系数是 Theil 从熵理念中提出的概念, 用来测度地区差异

的系数。它能够将总体差异分解出组间差异和组内差异,故该系数既能反映不同组间的差异和组内的差异,也可以衡量组间和组内对总体差异的大小。

本研究将长三角地区人口老龄化总体差异以城市为基本单元按照江苏省、浙江省、安徽省、上海市划分为四组,组间差异为长三角地区三省一市之间的差异,组内差异为省(直辖市)内部差异。长三角地区人口老龄化泰尔系数从2000年的0.0142上升到了2010年的0.0167,后上升到2020年的0.0195,由此可见,长三角地区人口老龄化市域间的差异呈持续扩大趋势。组间差异总体上升,组内差异总体下降。组间泰尔系数贡献率从2000年的54%上升到2010年的90%,又下降到2020年的83%,可见组间贡献率出现先上升后下降的特征。组内贡献率表现出先下降后上升的态势,组内泰尔系数贡献率从2000年的46%下降至2010年的10%,后上升到2020年的17%。但组间的贡献率始终高于组内贡献率,说明长三角地区的人口老龄化差异不断扩大主要是由组间差异造成的。

表2.22　2000年、2010年和2020年长三角地区市域尺度人口老龄化差异

| 年份 | 总体差异 | 组间差异 | 组内差异 | 组间贡献率<br>(%) | 组内贡献率<br>(%) |
|---|---|---|---|---|---|
| 2000 | 0.0142 | 0.0077 | 0.0066 | 54 | 46 |
| 2010 | 0.0167 | 0.0149 | 0.0017 | 90 | 10 |
| 2020 | 0.0195 | 0.0161 | 0.0034 | 83 | 17 |

(二)长三角人口老龄化空间格局演变

1. 全局空间相关性:除乡村空间集聚性不断增强外,长三角整体、城区及镇区均先增后减

2000—2020年,长三角地区整体、城区和镇区的老龄化系数的 Moran's $I$ 指数先上升后下降。长三角地区乡村的老龄化 Moran's $I$ 指数明显上升,表明长三角地区整体、城区和镇区的空间集聚程度在时间上具体呈现出先增强再减弱的态势,乡村的空间集聚程度不断增强。

表 2.23　2000 年、2010 年和 2020 年长三角老龄化系数全局 Moran's $I$

| 年份 | 统计参数 | 整体 | 城区 | 镇区 | 乡村 |
|------|----------|------|------|------|------|
| 2000 | Moran's $I$ | 0.33 | 0.24 | 0.29 | 0.22 |
|      | P 值检验 | 0.00 | 0.00 | 0.00 | 0.00 |
|      | Z 统计值 | 7.26 | 6.10 | 6.51 | 5.04 |
| 2010 | Moran's $I$ | 0.50 | 0.47 | 0.57 | 0.23 |
|      | P 值检验 | 0.00 | 0.00 | 0.00 | 0.00 |
|      | Z 统计值 | 11.78 | 10.20 | 13.21 | 5.18 |
| 2020 | Moran's $I$ | 0.42 | 0.24 | 0.47 | 0.38 |
|      | P 值检验 | 0.00 | 0.00 | 0.00 | 0.00 |
|      | Z 统计值 | 9.31 | 5.43 | 10.28 | 8.55 |

## 2. 局部自相关分析

1) 长三角市域整体、镇区人口老龄化空间高高集聚以东部为主

2000 年高高集聚地区主要分布在东部地区,低低集聚类型主要分布在西部地区。2000 年高高集聚地区主要集中在上海、苏中、浙北等地区,低低集聚地区主要集中在皖南等地区。2010 年与 2020 年高高集聚地区均集中在东北部地区。可见,2000—2020 年,长三角老龄化系数空间集聚类型以高高集聚为主,由东部(上海、苏中、浙北)向东北部(苏中、苏北)转移。

2000 年长三角市域镇区老龄化系数高高集聚地区分布在东部,低低集聚地区分布在北部。长三角镇区老龄化系数高高集聚地区为上海、苏中、苏南、浙北地区,低低集聚地区为皖北地区。2010 年和 2020 年长三角地区镇区老龄化系数高高集聚地区均集中分布在东部,没有低低集聚地区。2010 年和 2020 年长三角镇区老龄化系数高高集聚地区分布在东部(苏中、苏南)等地区。

2)长三角市域城区、乡村高高集聚地区分布在东部,低低集聚地区分布在西北部

2000—2020 年长三角市域城区老龄化系数高高集聚地区集中在东部,低低集聚地区从集中分布在北部转移到南部和北部。高高集聚地区主要分布在东部（苏中、上海、苏南、浙北等地区）,低低集聚地区主要分布在北部的皖北地区和南部的浙南地区。

2000 年长三角市域乡村老龄化系数高高集聚地区分布在东部,低低集聚地区分布在中部。长三角乡村老龄化系数高高集聚地区为上海、苏南、苏中等地区,低低集聚地区分布在皖中、皖南等地区。2010 年和 2020 年长三角地区乡村老龄化系数高高集聚地区分布在东北部,低低集聚地区分布在西北部。长三角乡村老龄化系数高高集聚地区为苏中等地区,低低集聚地区分布在皖北地区。

表 2.24  2000—2020 年长三角城区老龄化 LISA 分布

| 年份 | 集聚类型 | 数量（个） | 地区 | 占比（%） |
|---|---|---|---|---|
| 2000 | H-H 型 | 4 | 南通、上海、苏州、嘉兴 | 9.76 |
| | H-L 型 | 0 | 无 | 0.00 |
| | L-H 型 | 0 | 无 | 0.00 |
| | L-L 型 | 1 | 亳州 | 2.44 |
| 2010 | H-H 型 | 2 | 泰州、南通 | 4.88 |
| | H-L 型 | 0 | 无 | 0.00 |
| | L-H 型 | 1 | 合肥 | 2.44 |
| | L-L 型 | 3 | 金华、丽水、温州 | 7.32 |
| 2020 | H-H 型 | 3 | 泰州、南通、镇江 | 7.32 |
| | H-L 型 | 0 | 无 | 0.00 |
| | L-H 型 | 0 | 无 | 0.00 |
| | L-L 型 | 3 | 阜阳、亳州、金华 | 7.32 |

表 2.25　2000—2020 年长三角镇区老龄化 LISA 分布

| 年份 | 集聚类型 | 数量（个） | 地区 | 占比（%） |
|---|---|---|---|---|
| 2000 | H-H 型 | 5 | 泰州、南通、上海、苏州、嘉兴 | 12.20 |
| | H-L 型 | 0 | 无 | 0.00 |
| | L-H 型 | 0 | 无 | 0.00 |
| | L-L 型 | 1 | 淮北 | 2.44 |
| 2010 | H-H 型 | 4 | 泰州、南通、扬州、镇江 | 9.76 |
| | H-L 型 | 0 | 无 | 0.00 |
| | L-H 型 | 0 | 无 | 0.00 |
| | L-L 型 | 0 | 无 | 0.00 |
| 2020 | H-H 型 | 5 | 泰州、南通、镇江、盐城、扬州 | 12.20 |
| | H-L 型 | 0 | 无 | 0.00 |
| | L-H 型 | 0 | 无 | 0.00 |
| | L-L 型 | 0 | 无 | 0.00 |

表 2.26　2000—2020 年长三角乡村老龄化 LISA 分布

| 年份 | 集聚类型 | 数量（个） | 地区 | 占比（%） |
|---|---|---|---|---|
| 2000 | H-H 型 | 3 | 南通、上海、苏州 | 7.32 |
| | H-L 型 | 0 | 无 | 0.00 |
| | L-H 型 | 0 | 无 | 0.00 |
| | L-L 型 | 3 | 合肥、芜湖、铜陵 | 7.32 |
| 2010 | H-H 型 | 4 | 泰州、南通、扬州、盐城 | 9.76 |
| | H-L 型 | 0 | 无 | 0.00 |
| | L-H 型 | 0 | 无 | 0.00 |
| | L-L 型 | 1 | 亳州 | 2.44 |

| 年份 | 集聚类型 | 数量（个） | 地区 | 占比（%） |
|---|---|---|---|---|
| 2020 | H-H 型 | 4 | 泰州、镇江、盐城、扬州 | 9.76 |
| | H-L 型 | 0 | 无 | 0.00 |
| | L-H 型 | 0 | 无 | 0.00 |
| | L-L 型 | 5 | 阜阳、亳州、淮北、宿州、蚌埠 | 12.20 |

3. 冷热点分析

1）长三角市域城区和镇区热点区维持在东部，冷点区分布由北向南北演变

2000 年长三角市域城区热点区分布在东部，冷点区分布在西北部。长三角城区老龄化系数热点区主要集中在上海、苏中、浙北等地区，冷点区分布在皖北、皖南等地区。2010 年长三角市域城区热点区分布在东北部和中部，冷点区分布在南部和西北部。长三角城区老龄化系数热点区分布在苏中、苏南、皖中等地区，冷点区集中在皖北、浙北、浙南等地区。2020 年长三角市域城区热点区分布在东部、东北部和中部，冷点区分布在南部和西北部。长三角城区老龄化系数热点区分布在上海、苏南、苏中等地区，冷点区分布在浙北、浙南、皖南等地区。

2000 年长三角市域镇区热点区主要分布在东部，而冷点区主要分布在北部。长三角地区的镇区老龄化系数热点区集中在上海、浙北和苏南等地区，而冷点区分布在皖北、苏北等地区。2010 年长三角市域镇区热点区集中在东部和东北部，冷点区分布在南部。长三角镇区老龄化系数热点区主要集中在上海、苏南、苏中等地区，冷点区集中在浙北、浙南等地区。2020 年长三角市域镇区热点区集中在东北部，冷点区分布在北部和南部。长三角镇区老龄化系数热点区集中在苏中等地区，冷点区分布在苏北、皖北等地区。

2）长三角市域乡村热点区维持在东部，冷点区在西北部保持稳定

2000 年长三角市域乡村热点区分布在东部，冷点区分布在西北部、西部。长三角乡村老龄化系数热点区分布在上海、苏南、浙北等地区，冷点区分布在皖北、

皖南等地区。2010 年与 2020 年长三角市域乡村热点区分布在东北部,冷点区分布在西北部和西部。长三角乡村老龄化系数热点区分布在苏中、浙西等地区,冷点区分布在皖北、苏北、皖中等地区。

表 2.27　2000—2020 年长三角城区老龄化冷热点区分布

| 年份 | 冷热点区 | 数量<br>(个) | 地区 | 占比<br>(%) |
|---|---|---|---|---|
| 2000 | 热点区 | 4 | 南通、上海、苏州、嘉兴 | 9.76 |
| | 冷点区 | 10 | 徐州、宿州、淮北、亳州、蚌埠、阜阳等 | 24.39 |
| 2010 | 热点区 | 8 | 盐城、扬州、泰州、南通、镇江、南京、合肥、铜陵 | 19.51 |
| | 冷点区 | 10 | 亳州、阜阳、杭州、绍兴、宁波、台州、温州、丽水、金华、衢州 | 24.39 |
| 2020 | 热点区 | 10 | 泰州、南通、镇江、上海、常州、无锡、苏州、扬州、南京、盐城 | 24.39 |
| | 冷点区 | 7 | 亳州、阜阳、杭州、绍兴、金华、丽水、温州 | 17.07 |

表 2.28　2000—2020 年长三角镇区老龄化冷热点区分布

| 年份 | 冷热点区 | 数量<br>(个) | 地区 | 占比<br>(%) |
|---|---|---|---|---|
| 2000 | 热点区 | 8 | 泰州、南通、上海、苏州、嘉兴、无锡、常州、湖州 | 19.51 |
| | 冷点区 | 9 | 连云港、徐州、宿州、蚌埠、淮北、亳州、淮南、六安等 | 21.95 |
| 2010 | 热点区 | 9 | 盐城、扬州、泰州、南通、上海、无锡、苏州、常州、镇江 | 21.95 |
| | 冷点区 | 5 | 绍兴、金华、台州、丽水、温州 | 12.20 |
| 2020 | 热点区 | 5 | 盐城、扬州、泰州、南通、镇江 | 12.20 |
| | 冷点区 | 17 | 连云港、徐州、宿州、蚌埠、淮北、亳州、淮南、六安、宿迁、阜阳、滁州、绍兴、杭州、嘉兴等 | 41.46 |

表 2.29 2000—2020 年长三角乡村老龄化冷热点区分布

| 年份 | 冷热点区 | 数量（个） | 地区 | 占比（%） |
|---|---|---|---|---|
| 2000 | 热点区 | 4 | 南通、上海、苏州、嘉兴 | 9.76 |
| | 冷点区 | 12 | 宿州、蚌埠、淮北、亳州、淮南、六安、宿迁、滁州、安庆、芜湖、铜陵、马鞍山 | 29.27 |
| 2010 | 热点区 | 4 | 盐城、扬州、泰州、南通 | 9.76 |
| | 冷点区 | 10 | 连云港、徐州、宿州、蚌埠、淮北、亳州、淮南、六安、阜阳、安庆 | 24.39 |
| 2020 | 热点区 | 4 | 盐城、扬州、泰州、镇江 | 9.76 |
| | 冷点区 | 6 | 徐州、宿州、蚌埠、淮北、亳州、阜阳 | 14.63 |

### 三、长三角地区人口老龄化分布格局的驱动机制

（一）驱动因素指标选取

1. 人口因素

人口的自然增长率和净迁移率是影响人口老龄化空间分布的主要因素（吴媛媛 等,2021）。人口转变过程是影响人口老龄化的主要因素,人口老龄化主要是出生率下降、死亡率下降以及人口迁移导致的。出生率下降会导致出生人口减少,进而造成青少年比重下降,老年人口比重上升,同时死亡率下降会降低少儿人口、青年育龄人口与老年人口的比重。因此出生率和死亡率共同决定了人口自然增长率,从而直接影响了人口老龄化的变化。人口流动的范围和规模不断扩大,人口迁移对地区老龄化的影响也越来越大,特别是青年人口的流动改变了迁入地和迁出地的年龄结构,人口流动可以缓解流入地的老龄化,同时加剧流出地的老龄化趋势。研究发现,人口流动对于平衡老龄化地区的不均衡发展起到了一定的作用。（翟振武,1996;刘爽,1997）;适度的人口流动可以提高流入地的劳动参与率,减轻养老负担和人口老龄化带来的不利影响（Marois, et al., 2020）。因此,人口因素直接影响了人口老龄化的变动。

2. 社会经济因素

社会经济因素间接影响人口老龄化空间分布。各种社会经济因素对人口老龄化变动的影响不同。在福建老龄化的研究中发现，医疗水平的提高推动了老龄化，而教育水平与老龄化呈负相关，对老龄化起到了抑制作用（何清 等，2014；张开洲、陈楠，2014）。公共健康和生活质量对广东老龄化空间格局具有重要影响（易卫华 等，2015）。研究发现社会经济因素对中国人口老龄化格局的影响较低，而人口结构对其影响较大（王录仓 等，2016）。此外，江西省人口老龄化差异有不同影响，其中人均 GDP、城镇化和医疗水平起到促进作用，出生率和教育起抑制作用（雷慧敏、叶长盛，2016）。经济发展水平的提高和医疗卫生条件改善能够延长人们的预期寿命，同时促使人口从欠发达地区向发达地区迁移。受教育程度较高的人，往往结婚年龄和生育年龄会推迟，并且更加注重生育的质量，进而降低了人口出生率，城镇化进程推动了农村人口向城镇人口的转变，同时也影响了其生活方式和观念的转变，从而导致生育率的下降。因此，社会经济因素间接影响人口老龄化的变化和分布。

3. 自然因素

自然环境是维持人类生存的基础，不同地区的自然环境对人口老龄化的分布产生不同的影响。目前国内研究多从社会经济因素探讨人口老龄化的变动原因，较少考虑自然因素。研究发现，中国人口老龄化集疏格局在不同地区受到的主要影响因素不同，在东部地区主要会受到经济因素的影响，中部地区明显受自然因素影响，而西部地区则更多受医疗水平因素的影响（赵东霞 等，2017）。同时，中国老龄化格局的分布受水文指数、气候指数、海拔和自然保护区等因素的影响（许昕 等，2018；周榕 等，2019）。

根据上述分析，本研究分别选取人口自然增长率、人口净迁移率表征人口因素对人口老龄化的影响；选取人均 GDP、城镇化率、人均受教育年限、医疗卫生床位数和绿地覆盖面积代表经济发展、城镇化发展水平、受教育水平、医疗卫生条件和自然条件等因素对人口老龄化的影响。

表 2.30　驱动因素指标说明

| 维度 | 变量 | 数据来源 |
|---|---|---|
| 人口因素 | 自然增长率 | 第五次、第六次、第七次全国人口普查 |
| | 净迁移率 | 第五次、第六次、第七次全国人口普查 |
| 社会经济因素 | 人均 GDP(元) | 《上海统计年鉴》《江苏统计年鉴》《浙江统计年鉴》《安徽统计年鉴》 |
| | 城镇化率(%) | 第五次、第六次、第七次全国人口普查 |
| | 平均受教育年限(年) | 第五次、第六次、第七次全国人口普查 |
| | 绿地覆盖面积(公顷) | 《上海统计年鉴》《江苏统计年鉴》《浙江统计年鉴》《安徽统计年鉴》 |
| | 医疗卫生床位数(床) | 《上海统计年鉴》《江苏统计年鉴》《浙江统计年鉴》《安徽统计年鉴》 |

(二)模型结果分析

根据 $R^2$ 和调整后的 $R^2$,GTWR 的模拟拟合优度在整体、城区、镇区和乡村中均超过 0.80,说明整体、城区、镇区和乡村因变量和解释变量拟合较好,可以满足研究需要。

表 2.31　GTWR 参数估计

| | 整体 | 城区 | 镇区 | 乡村 |
|---|---|---|---|---|
| AICc | 18.169 | 325.413 | 333.083 | 378.267 |
| $R^2$ | 0.984 | 0.852 | 0.895 | 0.954 |
| 调整后 $R^2$ | 0.983 | 0.843 | 0.888 | 0.951 |

1. 人口自然增长的减缓推动人口老龄化且作用趋于增强,社会经济因素城乡差异明显

各影响因素的均值结果如表2.32所示。人口自然增长率与老龄化影响力呈负相关关系且均有增大趋势。整体老龄化影响力均值从2000年的2.506上升至2020年的11.482。同样,对城区、镇区和乡村老龄化影响力均值也有所增加,分别从2000年的0.951上升至2020年的4.229、从2.569上升至11.421以及从3.195上升至14.155,其中乡村增幅最高。这说明随着生育率和死亡率的下降,人口自然增长率也在不断下降,老龄化现象愈发明显。

**表2.32　时空地理加权回归历年结果均值**

| 区域 | 年份 | 自然增长率 | 净迁移率 | 人均GDP | 平均受教育年限 | 城镇化率 | 医疗卫生水平 | 绿地覆盖面积 |
|---|---|---|---|---|---|---|---|---|
| 整体 | 2000 | −2.506 | −3.746 | 1.185 | −0.742 | −0.001 | 0.811 | −0.372 |
| | 2010 | −4.621 | −5.708 | 1.035 | 0.914 | −2.250 | 0.157 | −0.020 |
| | 2020 | −11.482 | −0.936 | 0.950 | −0.745 | −3.151 | −0.379 | −0.688 |
| 城区 | 2000 | −0.951 | 5.175 | 1.328 | −4.307 | −0.797 | 0.542 | −0.041 |
| | 2010 | −3.388 | −1.436 | −0.709 | −2.454 | 1.931 | −0.054 | 0.329 |
| | 2020 | −4.229 | −1.665 | 0.225 | 7.945 | 0.821 | −1.796 | 0.729 |
| 镇区 | 2000 | −2.569 | 1.085 | 0.819 | 4.581 | −1.380 | −0.142 | −0.198 |
| | 2010 | −6.569 | 0.222 | −0.773 | 3.159 | −0.931 | 0.096 | −0.458 |
| | 2020 | −11.421 | 0.577 | 0.928 | 0.470 | 2.671 | −1.132 | −1.107 |
| 乡村 | 2000 | −3.195 | 2.828 | −0.303 | −1.021 | 2.430 | 0.683 | −0.831 |
| | 2010 | −7.899 | −2.122 | −0.827 | −3.315 | 0.731 | 1.296 | −0.848 |
| | 2020 | −14.155 | 2.626 | 2.778 | 0.872 | 4.276 | −0.486 | −2.510 |

人口净迁移率与人口老龄化系数出现了变化,整体呈负相关,城区从正相关变为负相关,镇区表现出正相关关系,乡村以正相关为主。人口净迁移率因素对

老龄化的作用整体上减弱,城区由正相关转为负相关,说明初期人口迁移率高,这是因为迁入人口通常是年轻的劳动力,主要是去经济发达的城市寻求更好的工作机会和工资。随着各地社会经济的发展,迁入的年轻人口逐渐减少,而老年人口比重上升,老龄化程度加深。对于镇区和乡村地区来说,人口净迁移率与老龄化主要呈现正相关关系,这反映出镇区和乡村的年轻人口主要是外迁的主要力量,净迁移率越高,乡村的年轻人口比例越低,老年人口比重则会增加。

人均 GDP 与人口老龄化系数整体、城区和镇区主要呈现正相关关系,在乡村由负转正。在城区和镇区主要呈现正相关表明城镇的经济发展能够促进人口老龄化程度的加深,与人口理论的观点相一致,长三角地区的经济发展到一定阶段后,出生率会下降,人口预期寿命会延长,从而导致人口老龄化。人均 GDP 对乡村人口老龄化影响系数均值由负转正,这说明随着经济的发展,一方面农村年轻回流人口的增加缓解了乡村人口老龄化程度;另一方面在城镇定居的农村人口加强了对农村年轻人口的吸引,提高了乡村人口老龄化。

平均受教育年限与人口老龄化系数整体、城区和乡村以负相关关系为主,镇区呈正相关。这一变化反映出一方面镇区的受教育水平提高,推迟了初婚年龄,降低了生育意愿,促进了老龄化程度的提高;另一方面平均受教育年限的增加表明城区年轻人口的比重增加,降低了城区和乡村的老龄化系数,从而受教育程度对老龄化的缓解作用逐渐减弱。

城镇化率与人口老龄化系数整体呈负相关关系,与乡村呈正相关关系,城区和镇区由负相关转为正相关。城镇化率对整体老龄化的负向影响力均值从 2000 年的 0.001 上升至 2000 年的 3.151,这说明长三角地区的城镇化率不断提高,农村的年轻劳动人口持续转化为城镇人口,缓解了人口老龄化程度且作用增强。城镇化率对乡村老龄化正向影响力均值从 2000 年的 2.430 上升至 2020 年的 4.276,乡村年轻人口向城市迁移,进一步造成老龄化程度的提高。城镇化率对城区和镇区老龄化影响由负转正,反映出早期大量农村年轻人口向城镇迁移,推动城镇化发展,缓解了人口老龄化趋势。但随着时间的推移,一方面早期部分年轻人口转变为老年人口后选择回流至乡镇；另一方面生育率的下降导致青年人口比重下降，共同促进了城镇的老龄化程度加深。

医疗卫生水平与人口老龄化系数整体和乡村由正相关转为负相关，与镇区呈正相关关系，城区由负相关转为正相关。这表明医疗卫生水平的提高延长了老年人口的寿命，导致老年人口的比重增加，从而对老龄化程度产生正向影响，然而随着医疗卫生条件的改善，居民整体健康状况得到保障，年轻人的重大病症得到有效解决，新生儿和年轻人口的存活率增加，因此医疗卫生水平对老龄化程度起负向作用。另外，医疗卫生水平对镇区的老龄化影响起正向作用，说明在新型城镇化背景下，镇区的基础设施建设进一步完善，医疗卫生条件不断改善，提高了镇区老年人口比重。

绿地覆盖面积与老龄化系数在城区以正相关关系为主，其他基本呈负相关关系。绿地覆盖面积对整体、镇区、乡村呈负相关关系，这表明增加绿地覆盖面积可以吸引更多年轻人口的聚集，缓解老龄化趋势加深。此外，城区以正相关关系为主，说明优化城区绿地覆盖面积能够增加老年人口的吸引力，从而提高老年人口比重。

2. 长三角市域整体老龄化驱动机制由东西分异向南北分异转变

2000 年东部地区人口因素和城镇化水平对老龄化的负向作用较强，随着人口自然增长、人口迁移和城镇化水平的加深，到 2020 年人口因素和城镇化的作用呈现出东部地区与南北分异的格局。这是长三角市域整体老龄化程度高值区维持在东部、低值区向南北分异格局转变的主要原因。2000 年左右，经济发展、受教育水平和医疗卫生水平等条件对东部地区老龄化起到了正向作用。到 2020 年，经济发展、受教育水平、医疗卫生水平和自然条件呈现南北和东部地区分异的特点。南北地区的老年人口比重较低，而东部地区的老年人口比重较高。

表 2.33　2000—2020 年长三角地区

市域整体人口老龄化自然增长率、净迁移率、人均 GDP、平均受教育年限驱动机制

| 省域 | 市域 | 自然增长率 | | | 净迁移率 | | | 人均 GDP | | | 平均受教育年限 | | |
|---|---|---|---|---|---|---|---|---|---|---|---|---|---|
| | | 2000 | 2010 | 2020 | 2000 | 2010 | 2020 | 2000 | 2010 | 2020 | 2000 | 2010 | 2020 |
| 上海 | 上海 | −3.690 | −12.281 | −16.697 | 1.441 | −0.429 | −1.642 | 0.472 | −15.059 | −14.837 | −0.895 | −0.248 | 0.791 |
| 江苏 | 常州 | −2.743 | −8.145 | −14.891 | 1.115 | −1.063 | −1.719 | 0.771 | −10.987 | −7.106 | −0.218 | −0.841 | −0.428 |
| | 淮安 | −2.994 | −5.662 | −13.417 | 1.158 | −2.336 | −2.726 | 0.820 | −2.850 | 6.136 | 0.612 | −5.002 | −2.272 |
| | 连云港 | −3.364 | −4.808 | −12.859 | 1.315 | −3.066 | −2.961 | 0.396 | 2.082 | 14.226 | 1.297 | −7.861 | −0.601 |
| | 南京 | −2.486 | −6.623 | −13.948 | 1.155 | −1.446 | −1.997 | 0.827 | −7.367 | −2.793 | −0.066 | −1.908 | −1.909 |
| | 南通 | −4.561 | −11.196 | −19.811 | 1.120 | −0.700 | −1.747 | 1.644 | −16.241 | −8.392 | 0.194 | −1.251 | −3.026 |
| | 苏州 | −3.598 | −10.862 | −16.994 | 1.158 | −0.663 | −1.662 | 0.809 | −14.798 | −11.678 | −0.300 | −0.204 | −0.004 |
| | 宿迁 | −2.670 | −4.589 | −12.109 | 1.300 | −2.763 | −2.828 | 0.725 | 1.070 | 10.306 | 0.921 | −5.595 | −1.728 |
| | 泰州 | −3.893 | −8.678 | −17.318 | 1.042 | −1.277 | −2.189 | 1.284 | −12.370 | −3.651 | 0.240 | −2.531 | −2.910 |
| | 无锡 | −3.592 | −10.012 | −17.313 | 1.069 | −0.825 | −1.747 | 1.002 | −14.421 | −9.483 | −0.057 | −0.606 | −1.072 |
| | 徐州 | −2.089 | −3.291 | −10.852 | 1.773 | −3.023 | −2.770 | 0.673 | 4.735 | 12.079 | 1.147 | −4.526 | −1.308 |
| | 盐城 | −4.497 | −8.004 | −16.954 | 1.135 | −1.767 | −2.554 | 1.314 | −9.248 | 2.525 | 0.437 | −5.468 | −2.363 |
| | 扬州 | −3.346 | −7.248 | −15.461 | 1.062 | −1.665 | −2.405 | 1.012 | −8.585 | −0.388 | 0.292 | −3.293 | −2.774 |
| | 镇江 | −3.051 | −7.848 | −15.664 | 1.059 | −1.284 | −2.026 | 0.947 | −10.567 | −4.631 | 0.051 | −1.698 | −2.105 |
| 浙江 | 杭州 | −2.294 | −9.150 | −8.446 | 1.494 | −0.700 | −1.107 | 0.397 | −9.680 | −10.112 | −0.959 | 0.240 | 7.367 |
| | 湖州 | −2.724 | −9.608 | −13.079 | 1.300 | −0.739 | −1.471 | 0.499 | −12.063 | −11.035 | −0.755 | 0.106 | 3.330 |
| | 嘉兴 | −3.135 | −11.223 | −13.427 | 1.492 | −0.546 | −1.611 | 0.307 | −13.223 | −13.983 | −1.113 | 0.095 | 3.849 |
| | 金华 | −2.403 | −9.441 | −5.361 | 1.827 | −0.608 | −1.039 | 0.678 | −9.012 | −10.133 | −0.847 | 0.544 | 10.616 |
| | 丽水 | −2.055 | −8.696 | −3.133 | 1.990 | −0.622 | −0.555 | 1.467 | −7.260 | −7.418 | 0.153 | 0.642 | 11.529 |
| | 宁波 | −2.961 | −11.192 | −8.742 | 2.197 | −0.405 | −1.672 | 0.253 | −11.887 | −15.514 | −1.974 | −0.189 | 8.679 |
| | 衢州 | −1.958 | −8.408 | −4.662 | 1.506 | −0.729 | −0.511 | 0.664 | −6.833 | −7.846 | −0.305 | −0.090 | 9.750 |
| | 绍兴 | −2.753 | −10.486 | −8.256 | 1.844 | −0.535 | −1.468 | 0.342 | −10.955 | −12.994 | −1.426 | 0.269 | 8.645 |
| | 台州 | −2.653 | −9.613 | −5.063 | 2.337 | −0.520 | −1.316 | 0.857 | −9.735 | −12.144 | −1.284 | 0.590 | 11.563 |
| | 温州 | −2.134 | −8.253 | −2.853 | 2.523 | −0.597 | −0.678 | 1.831 | −7.741 | −8.222 | 0.128 | 1.312 | 12.015 |
| | 舟山 | −3.137 | −12.274 | −11.156 | 2.372 | −0.254 | −1.791 | 0.044 | −13.455 | −18.538 | −2.411 | −0.853 | 6.735 |

续表

| 省域 | 市域 | 自然增长率 | | | 净迁移率 | | | 人均GDP | | | 平均受教育年限 | | |
|---|---|---|---|---|---|---|---|---|---|---|---|---|---|
| | | 2000 | 2010 | 2020 | 2000 | 2010 | 2020 | 2000 | 2010 | 2020 | 2000 | 2010 | 2020 |
| 安徽 | 安庆 | -1.495 | -3.543 | -8.002 | 1.716 | -1.236 | -1.418 | 0.142 | -0.738 | -0.656 | -1.213 | -2.938 | 0.259 |
| | 蚌埠 | -1.886 | -3.583 | -10.982 | 1.749 | -2.445 | -2.507 | 0.813 | 2.513 | 7.526 | 0.312 | -3.436 | -2.312 |
| | 亳州 | -1.382 | -2.899 | -11.322 | 2.527 | -2.395 | -2.459 | 1.087 | 3.343 | 5.829 | -0.022 | -2.347 | -1.840 |
| | 池州 | -1.603 | -4.826 | -7.960 | 1.398 | -1.133 | -1.065 | 0.258 | -3.005 | -3.286 | -0.872 | -2.346 | 2.257 |
| | 滁州 | -2.176 | -4.809 | -12.079 | 1.346 | -2.046 | -2.362 | 0.836 | -1.453 | 3.735 | 0.153 | -3.213 | -2.670 |
| | 阜阳 | -1.205 | -2.787 | -11.793 | 2.815 | -1.992 | -2.389 | 1.112 | 2.214 | 3.578 | -0.649 | -1.953 | -1.760 |
| | 合肥 | -1.754 | -4.063 | -10.727 | 1.594 | -1.686 | -1.976 | 0.641 | -0.606 | 1.654 | -0.451 | -2.504 | -2.117 |
| | 淮北 | -1.658 | -3.045 | -10.956 | 2.169 | -2.674 | -2.568 | 0.902 | 4.080 | 8.352 | 0.485 | -3.076 | -1.802 |
| | 淮南 | -1.644 | -3.313 | -10.743 | 2.023 | -1.998 | -2.247 | 0.723 | 1.770 | 4.454 | -0.398 | -2.658 | -2.306 |
| | 黄山 | -1.766 | -6.484 | -7.487 | 1.363 | -0.929 | -0.795 | 0.280 | -5.715 | -6.023 | -0.797 | -1.248 | 5.255 |
| | 六安 | -1.497 | -3.050 | -10.184 | 2.252 | -1.547 | -1.997 | 0.432 | 0.804 | 1.911 | -1.125 | -2.480 | -1.476 |
| | 马鞍山 | -2.110 | -5.831 | -12.549 | 1.255 | -1.445 | -1.850 | 0.732 | -5.322 | -2.150 | -0.247 | -1.889 | -1.460 |
| | 宿州 | -1.897 | -3.248 | -10.854 | 1.888 | -2.819 | -2.661 | 0.783 | 4.197 | 10.057 | 0.792 | -3.787 | -1.710 |
| | 铜陵 | -1.686 | -4.752 | -9.743 | 1.417 | -1.291 | -1.440 | 0.447 | -2.933 | -2.036 | -0.693 | -2.151 | 0.207 |
| | 芜湖 | -1.902 | -5.656 | -11.349 | 1.308 | -1.286 | -1.565 | 0.580 | -5.019 | -3.107 | -0.485 | -1.695 | -0.125 |
| | 宣城 | -2.121 | -7.491 | -11.355 | 1.294 | -0.950 | -1.281 | 0.498 | -8.697 | -7.212 | -0.691 | -0.592 | 2.827 |

表 2.34   2000—2020 年长三角地区

市域整体人口老龄化城镇化率、医疗卫生水平、绿地覆盖面积驱动机制

| 省域 | 市域 | 城镇化率 | | | 医疗卫生水平 | | | 绿地覆盖面积 | | |
|---|---|---|---|---|---|---|---|---|---|---|
| | | 2000 | 2010 | 2020 | 2000 | 2010 | 2020 | 2000 | 2010 | 2020 |
| 上海 | 上海 | − 0.032 | 0.116 | 9.861 | 3.559 | 2.396 | − 3.280 | − 4.890 | − 1.483 | − 7.531 |
| 江苏 | 常州 | 0.733 | 2.955 | 5.655 | 3.733 | 3.015 | − 4.074 | − 4.704 | − 3.321 | − 6.172 |
| | 淮安 | − 1.028 | − 0.239 | 1.366 | 2.645 | 6.557 | 0.452 | − 1.479 | − 2.608 | − 11.310 |
| | 连云港 | − 1.521 | − 1.925 | − 7.024 | 1.350 | 8.625 | 0.805 | − 0.160 | − 2.078 | − 12.332 |
| | 南京 | 0.601 | 1.397 | 4.601 | 3.547 | 3.539 | − 3.349 | − 4.093 | − 2.908 | − 6.391 |
| | 南通 | − 2.331 | 2.950 | 10.549 | 2.866 | 4.505 | − 0.326 | − 2.207 | − 3.557 | − 9.297 |
| | 苏州 | − 0.149 | 2.691 | 8.420 | 3.657 | 2.969 | − 2.745 | − 4.576 | − 3.159 | − 7.642 |
| | 宿迁 | − 0.854 | − 2.035 | − 2.362 | 2.406 | 6.696 | 0.188 | − 1.632 | − 2.297 | − 11.741 |
| | 泰州 | − 1.900 | 3.935 | 8.265 | 2.944 | 5.406 | 0.024 | − 1.468 | − 3.974 | − 9.751 |
| | 无锡 | − 0.506 | 3.663 | 8.465 | 3.574 | 3.580 | − 2.190 | − 3.931 | − 3.796 | − 7.881 |
| | 徐州 | − 0.919 | − 4.106 | − 4.644 | 1.964 | 5.154 | − 0.229 | − 1.494 | − 1.915 | − 11.450 |
| | 盐城 | − 3.315 | 2.696 | 4.168 | 1.952 | 7.400 | 1.991 | 1.100 | − 2.803 | − 11.992 |
| | 扬州 | − 1.212 | 2.437 | 6.090 | 2.983 | 5.625 | − 0.090 | − 1.738 | − 3.456 | − 9.915 |
| | 镇江 | − 0.239 | 3.083 | 6.904 | 3.470 | 4.173 | − 2.073 | − 3.382 | − 3.687 | − 7.747 |
| 浙江 | 杭州 | 2.178 | 0.876 | − 0.642 | 3.692 | 0.448 | − 10.145 | − 6.573 | − 1.155 | − 3.120 |
| | 湖州 | 1.396 | 2.372 | 3.948 | 3.776 | 1.685 | − 6.086 | − 5.709 | − 2.450 | − 5.450 |
| | 嘉兴 | 0.953 | 1.137 | 5.973 | 3.631 | 1.577 | − 5.604 | − 5.551 | − 1.597 | − 5.963 |
| | 金华 | 1.676 | − 0.486 | − 2.802 | 3.261 | − 0.194 | − 12.857 | − 6.872 | − 0.312 | − 1.246 |
| | 丽水 | 1.093 | − 1.838 | − 6.378 | 3.252 | − 0.532 | − 15.324 | − 7.727 | − 0.196 | 1.126 |
| | 宁波 | 0.874 | − 0.695 | 3.613 | 2.968 | 0.560 | − 9.922 | − 5.760 | 0.471 | − 3.097 |
| | 衢州 | 2.346 | − 0.943 | − 5.283 | 4.020 | − 0.169 | − 13.762 | − 7.762 | − 0.340 | − 0.377 |
| | 绍兴 | 1.453 | 0.142 | 1.248 | 3.240 | 0.375 | − 9.972 | − 6.167 | − 0.375 | − 3.137 |
| | 台州 | 0.849 | − 1.284 | − 2.236 | 2.513 | − 0.240 | − 13.094 | − 6.399 | 0.432 | − 0.198 |
| | 温州 | 0.256 | − 2.720 | − 7.485 | 1.953 | − 0.725 | − 15.148 | − 6.983 | 0.160 | 2.509 |
| | 舟山 | 0.378 | − 1.532 | 8.007 | 2.969 | 1.097 | − 8.427 | − 5.242 | 1.068 | − 4.575 |

续表

| 省域 | 市域 | 城镇化率 | | | 医疗卫生水平 | | | 绿地覆盖面积 | | |
|---|---|---|---|---|---|---|---|---|---|---|
| | | 2000 | 2010 | 2020 | 2000 | 2010 | 2020 | 2000 | 2010 | 2020 |
| 安徽 | 安庆 | 2.755 | -2.223 | -5.046 | 3.269 | 0.797 | -7.911 | -5.370 | 0.809 | 0.355 |
| | 蚌埠 | -0.315 | -3.705 | -1.726 | 2.493 | 3.644 | -1.772 | -2.061 | -1.528 | -8.679 |
| | 亳州 | -0.974 | -4.728 | -1.287 | 1.430 | 2.038 | -0.603 | -0.529 | -0.258 | -9.228 |
| | 池州 | 3.117 | -1.298 | -4.273 | 3.875 | 0.912 | -9.250 | -6.731 | 0.277 | -0.225 |
| | 滁州 | 0.226 | -1.675 | 1.133 | 3.150 | 3.954 | -2.363 | -3.149 | -2.078 | -7.520 |
| | 阜阳 | -0.735 | -4.374 | -1.012 | 1.101 | 1.031 | -1.451 | -0.234 | 0.376 | -7.372 |
| | 合肥 | 1.181 | -2.476 | -0.891 | 3.153 | 1.974 | -4.946 | -3.929 | -0.931 | -3.552 |
| | 淮北 | -0.924 | -4.624 | -2.389 | 1.811 | 3.217 | -0.487 | -1.071 | -1.042 | -10.160 |
| | 淮南 | 0.173 | -3.704 | -1.622 | 2.286 | 2.039 | -3.475 | -2.036 | -0.749 | -5.515 |
| | 黄山 | 3.072 | -0.345 | -3.780 | 3.961 | 0.609 | -10.860 | -7.135 | -0.292 | -1.039 |
| | 六安 | 0.945 | -3.214 | -2.899 | 2.049 | 0.921 | -5.305 | -2.279 | 0.195 | -2.411 |
| | 马鞍山 | 1.278 | 0.156 | 2.435 | 3.609 | 2.672 | -4.793 | -4.751 | -2.112 | -4.714 |
| | 宿州 | -0.825 | -4.278 | -3.192 | 2.069 | 4.223 | -0.521 | -1.494 | -1.594 | -10.706 |
| | 铜陵 | 2.416 | -1.275 | -2.040 | 3.708 | 1.319 | -7.482 | -5.844 | -0.450 | -1.509 |
| | 芜湖 | 1.994 | -0.142 | 0.502 | 3.737 | 1.856 | -6.552 | -5.582 | -1.430 | -3.076 |
| | 宣城 | 2.176 | 1.443 | 0.999 | 3.827 | 1.446 | -7.812 | -6.118 | -1.843 | -3.586 |

**3. 长三角市域城区老龄化驱动机制南北分异**

2000 年东部地区人口自然增长和城镇化水平对城区老龄化的负向作用较强,随着人口自然增长和城镇化水平的加深,到 2020 年人口自然增长和城镇化水平的作用呈现出南北分异的格局,这是长三角市域城区老龄化程度高值区维持在东部、低值区向南北分异格局转变的主要原因。2000 年随着人口迁移,经济发展水平呈现南高北低,医疗卫生水平和自然条件北高南低。随着在城镇化的进程中大量适龄劳动人口迁入城区,经济条件逐渐改善,老年人口对生活条件的追求进一步提升,绿化条件好的城区对老年人口具有更强的吸引力。到 2020 年,人口迁移、经济发展、医疗卫生水平和自然条件均转变为南北分异。

表 2. 35　2000—2020 年长三角地区

市域城区人口老龄化自然增长率、净迁移率、人均 GDP、平均受教育年限驱动机制

| 省域 | 市域 | 自然增长率 | | | 净迁移率 | | | 人均 GDP | | | 平均受教育年限 | | |
|------|------|------|------|------|------|------|------|------|------|------|------|------|------|
| | | 2000 | 2010 | 2020 | 2000 | 2010 | 2020 | 2000 | 2010 | 2020 | 2000 | 2010 | 2020 |
| 上海 | 上海 | −1.330 | −6.721 | −8.576 | 5.706 | −1.057 | −1.997 | 6.956 | −7.911 | −1.489 | −2.601 | 1.350 | 4.803 |
| 江苏 | 常州 | −1.048 | −3.333 | −6.725 | 4.802 | −1.201 | −1.628 | 4.984 | −7.035 | 1.605 | −2.172 | −0.711 | 2.608 |
| | 淮安 | −1.285 | −1.199 | −3.965 | 4.645 | −2.098 | −1.898 | 3.623 | −0.457 | 6.943 | −1.544 | −3.163 | −0.714 |
| | 连云港 | −1.501 | −0.297 | −2.064 | 4.921 | −2.750 | −2.119 | 2.891 | 3.703 | 14.157 | −1.527 | −4.342 | −1.394 |
| | 南京 | −0.956 | −2.095 | −5.497 | 4.685 | −1.421 | −1.628 | 4.529 | −4.130 | 2.564 | −2.088 | −1.570 | 0.965 |
| | 南通 | −1.892 | −4.981 | −9.672 | 4.914 | −1.243 | −1.956 | 5.709 | −10.027 | 1.716 | −1.374 | −0.041 | 2.305 |
| | 苏州 | −1.429 | −5.454 | −8.545 | 5.071 | −1.094 | −1.872 | 5.819 | −9.063 | 0.127 | −2.019 | 0.518 | 3.905 |
| | 宿迁 | −1.117 | −0.474 | −2.558 | 4.754 | −2.370 | −1.830 | 3.549 | 2.369 | 8.727 | −1.667 | −3.344 | −1.161 |
| | 泰州 | −1.684 | −3.274 | −7.571 | 4.617 | −1.511 | −1.962 | 4.499 | −7.629 | 2.965 | −1.353 | −1.593 | 0.968 |
| | 无锡 | −1.469 | −4.612 | −8.443 | 4.846 | −1.174 | −1.830 | 5.340 | −9.211 | 0.862 | −1.776 | −0.105 | 2.943 |
| | 徐州 | −0.699 | 0.252 | −1.296 | 4.939 | −2.617 | −1.745 | 4.224 | 4.787 | 7.314 | −2.007 | −2.295 | −1.102 |
| | 盐城 | −1.998 | −2.521 | −6.531 | 4.685 | −1.929 | −2.158 | 3.838 | −4.952 | 6.477 | −1.223 | −3.284 | 0.467 |
| | 扬州 | −1.435 | −2.312 | −6.011 | 4.579 | −1.699 | −1.918 | 4.095 | −4.749 | 4.030 | −1.470 | −2.193 | 0.208 |
| | 镇江 | −1.249 | −2.900 | −6.748 | 4.649 | −1.399 | −1.765 | 4.586 | −6.481 | 2.259 | −1.768 | −1.257 | 1.285 |
| 浙江 | 杭州 | −0.939 | −5.868 | −3.672 | 5.367 | −0.878 | −1.454 | 6.479 | −6.457 | 2.860 | −2.457 | 0.308 | 7.176 |
| | 湖州 | −1.024 | −5.153 | −6.359 | 5.197 | −0.998 | −1.665 | 5.919 | −7.710 | 1.126 | −2.557 | 0.306 | 5.319 |
| | 嘉兴 | −1.184 | −6.672 | −6.839 | 5.633 | −1.015 | −1.927 | 6.858 | −7.120 | −0.576 | −2.702 | 0.939 | 6.087 |
| | 金华 | −1.151 | −7.798 | −2.003 | 5.807 | −0.851 | −1.549 | 8.344 | −5.390 | 3.764 | −1.615 | 0.107 | 8.720 |
| | 丽水 | −1.024 | −8.496 | −0.469 | 5.910 | −0.770 | −1.062 | 9.743 | −5.831 | 6.336 | −0.135 | −0.440 | 8.137 |
| | 宁波 | −1.114 | −7.857 | −4.373 | 6.642 | −0.976 | −2.097 | 8.886 | −4.512 | −1.681 | −3.217 | 0.742 | 8.523 |
| | 衢州市 | −0.957 | −6.193 | −1.172 | 5.222 | −0.778 | −0.952 | 7.078 | −6.034 | 4.609 | −1.279 | 0.108 | 7.712 |
| | 绍兴 | −1.144 | −7.569 | −3.930 | 6.002 | −0.942 | −1.908 | 8.074 | −5.264 | 0.858 | −2.545 | 0.588 | 8.305 |
| | 台州 | −1.103 | −7.994 | −2.152 | 6.660 | −0.882 | −1.877 | 10.166 | −4.132 | 1.641 | −2.106 | −0.074 | 9.304 |
| | 温州 | −0.789 | −8.177 | −0.575 | 6.773 | −0.780 | −1.264 | 11.758 | −4.257 | 5.283 | −0.201 | −1.070 | 8.387 |
| | 舟山 | −1.032 | −7.884 | −5.719 | 7.035 | −1.017 | −2.166 | 8.788 | −4.664 | −4.332 | −3.928 | 1.218 | 7.785 |

续表

| 省域 | 市域 | 自然增长率 | | | 净迁移率 | | | 人均GDP | | | 平均受教育年限 | | |
|---|---|---|---|---|---|---|---|---|---|---|---|---|---|
| | | 2000 | 2010 | 2020 | 2000 | 2010 | 2020 | 2000 | 2010 | 2020 | 2000 | 2010 | 2020 |
| 安徽 | 安庆 | -0.369 | -1.437 | -1.273 | 4.977 | -1.436 | -1.111 | 4.679 | 0.259 | -0.201 | -3.530 | -4.251 | 0.391 |
| | 蚌埠 | -0.650 | -0.362 | -2.403 | 4.777 | -1.996 | -1.409 | 4.333 | 2.422 | 3.071 | -2.090 | -2.014 | -0.808 |
| | 亳州 | -0.321 | -0.551 | -2.398 | 4.837 | -2.130 | -1.310 | 5.173 | 2.418 | -0.900 | -2.222 | -0.701 | -0.135 |
| | 池州 | -0.319 | -1.401 | -2.021 | 5.064 | -1.123 | -1.091 | 5.019 | -1.620 | 1.531 | -3.561 | -3.381 | 2.781 |
| | 滁州 | -0.844 | -0.947 | -3.639 | 4.684 | -1.745 | -1.564 | 4.164 | 0.047 | 3.674 | -2.027 | -2.264 | -0.506 |
| | 阜阳 | -0.374 | -1.137 | -2.709 | 4.763 | -1.929 | -1.115 | 5.053 | 1.201 | -4.126 | -2.143 | -0.466 | 0.123 |
| | 合肥 | -0.590 | -0.912 | -3.117 | 4.821 | -1.471 | -1.320 | 4.459 | 0.268 | 1.202 | -2.634 | -2.335 | -0.108 |
| | 淮北 | -0.426 | -0.129 | -1.980 | 4.882 | -2.296 | -1.458 | 4.911 | 3.529 | 2.347 | -2.205 | -1.334 | -0.583 |
| | 淮南 | -0.572 | -0.760 | -2.661 | 4.789 | -1.675 | -1.206 | 4.437 | 1.282 | -0.497 | -2.333 | -1.776 | -0.458 |
| | 黄山 | -0.480 | -2.661 | -2.422 | 5.131 | -0.905 | -1.042 | 5.424 | -4.188 | 2.470 | -3.122 | -1.701 | 5.402 |
| | 六安 | -0.555 | -1.326 | -2.274 | 4.825 | -1.565 | -1.082 | 4.385 | 0.621 | -2.822 | -2.656 | -2.332 | -0.356 |
| | 马鞍山 | -0.729 | -1.645 | -4.623 | 4.774 | -1.361 | -1.495 | 4.655 | -2.732 | 2.376 | -2.456 | -1.769 | 1.076 |
| | 宿州 | -0.583 | 0.029 | -1.749 | 4.882 | -2.387 | -1.557 | 4.499 | 3.971 | 4.728 | -2.092 | -1.908 | -0.894 |
| | 铜陵 | -0.427 | -1.238 | -2.953 | 4.962 | -1.235 | -1.246 | 4.838 | -1.254 | 1.632 | -3.217 | -2.740 | 1.657 |
| | 芜湖 | -0.563 | -1.633 | -4.095 | 4.897 | -1.228 | -1.364 | 4.867 | -2.690 | 2.078 | -2.871 | -1.907 | 1.955 |
| | 宣城 | -0.667 | -3.213 | -4.822 | 5.051 | -1.010 | -1.370 | 5.315 | -5.812 | 2.260 | -2.877 | -0.733 | 4.452 |

表 2.36　2000—2020 年长三角地区

市域城区人口老龄化城镇化率、医疗卫生水平、绿地覆盖面积驱动机制

| 省域 | 市域 | 城镇化率 | | | 医疗卫生水平 | | | 绿地覆盖面积 | | |
|---|---|---|---|---|---|---|---|---|---|---|
| | | 2000 | 2010 | 2020 | 2000 | 2010 | 2020 | 2000 | 2010 | 2020 |
| 上海 | 上海 | −2.920 | 1.398 | 2.736 | 2.445 | 0.336 | −3.500 | −0.992 | 2.949 | 1.143 |
| 江苏 | 常州 | −1.032 | 7.428 | 4.037 | 2.800 | −0.166 | −5.599 | 0.057 | 0.875 | 1.338 |
| | 淮安 | −0.918 | 4.825 | 3.890 | 2.410 | 1.843 | −5.566 | 1.340 | −0.211 | 1.041 |
| | 连云港 | −0.761 | 3.255 | −2.148 | 1.582 | 3.476 | −7.126 | 2.013 | −0.898 | 2.745 |
| | 南京 | −0.806 | 6.068 | 4.841 | 2.862 | −0.080 | −5.763 | 0.467 | 0.671 | 1.680 |
| | 南通 | −2.843 | 7.077 | 4.080 | 2.592 | 1.592 | −2.712 | 0.178 | 0.302 | 0.749 |
| | 苏州 | −2.061 | 5.865 | 3.284 | 2.665 | 0.374 | −3.878 | −0.502 | 1.421 | 0.760 |
| | 宿迁 | −0.761 | 3.314 | 2.957 | 2.314 | 1.756 | −6.915 | 1.444 | −0.327 | 1.582 |
| | 泰州 | −1.822 | 8.723 | 5.337 | 2.590 | 1.754 | −3.606 | 0.880 | −0.430 | 0.604 |
| | 无锡 | −1.840 | 7.684 | 4.112 | 2.734 | 0.639 | −4.000 | −0.109 | 0.612 | 0.749 |
| | 徐州 | −1.034 | 1.688 | 4.944 | 2.498 | 0.654 | −8.450 | 1.631 | −0.165 | 2.361 |
| | 盐城 | −1.969 | 7.967 | 3.195 | 1.943 | 3.148 | −3.456 | 2.001 | −0.503 | 0.774 |
| | 扬州 | −1.303 | 7.203 | 5.312 | 2.619 | 1.563 | −4.385 | 1.015 | −0.279 | 0.719 |
| | 镇江 | −1.208 | 7.676 | 5.178 | 2.810 | 0.623 | −4.810 | 0.456 | 0.150 | 1.012 |
| 浙江 | 杭州 | −1.342 | 4.634 | −0.071 | 2.395 | −1.728 | −8.410 | −1.466 | 3.858 | 2.065 |
| | 湖州 | −1.344 | 5.966 | 1.927 | 2.494 | −0.844 | −6.075 | −0.633 | 2.321 | 1.152 |
| | 嘉兴 | −2.245 | 2.774 | 1.769 | 2.271 | −0.446 | −4.925 | −1.122 | 3.293 | 1.129 |
| | 金华 | −2.573 | 2.513 | −1.507 | 1.885 | −1.444 | −9.128 | −2.889 | 5.410 | 2.797 |
| | 丽水 | −3.622 | 2.871 | −3.302 | 1.953 | −1.336 | −10.842 | −4.210 | 6.191 | 4.623 |
| | 宁波 | −3.276 | −0.805 | 0.181 | 1.589 | −0.625 | −6.403 | −2.579 | 5.452 | 2.800 |
| | 衢州 | −1.870 | 4.008 | −2.337 | 3.058 | −2.182 | −10.756 | −2.877 | 4.891 | 4.283 |
| | 绍兴 | −2.562 | 1.446 | −0.167 | 1.810 | −1.035 | −6.989 | −2.178 | 4.907 | 2.017 |
| | 台州 | −3.559 | 0.240 | −2.172 | 1.195 | −0.768 | −7.928 | −3.784 | 6.121 | 3.653 |
| | 温州 | −4.487 | 0.861 | −4.749 | 0.477 | −0.615 | −9.388 | −4.680 | 6.988 | 5.244 |
| | 舟山 | −3.661 | −2.513 | 1.638 | 1.626 | −0.346 | −5.552 | −2.360 | 5.428 | 2.887 |

续表

| 省域 | 市域 | 城镇化率 | | | 医疗卫生水平 | | | 绿地覆盖面积 | | |
|---|---|---|---|---|---|---|---|---|---|---|
| | | 2000 | 2010 | 2020 | 2000 | 2010 | 2020 | 2000 | 2010 | 2020 |
| 安徽 | 安庆 | 0.138 | 2.229 | 3.067 | 3.176 | −0.092 | −7.753 | −0.115 | 3.437 | 8.189 |
| | 蚌埠 | −0.876 | 2.058 | 6.606 | 2.824 | −0.694 | −8.126 | 1.241 | 0.603 | 2.993 |
| | 亳州 | −1.382 | 1.224 | 9.150 | 3.195 | −1.714 | −9.235 | 1.348 | 1.224 | 4.841 |
| | 池州 | 0.118 | 3.482 | 0.459 | 3.108 | −0.932 | −8.061 | −0.503 | 4.018 | 6.087 |
| | 滁州 | −0.702 | 3.519 | 5.391 | 2.815 | −0.221 | −6.645 | 0.918 | 0.625 | 2.279 |
| | 阜阳 | −1.231 | 1.426 | 9.836 | 3.433 | −1.964 | −9.817 | 0.835 | 1.120 | 7.275 |
| | 合肥 | −0.453 | 2.667 | 5.218 | 2.974 | −1.179 | −7.395 | 0.605 | 1.711 | 4.663 |
| | 淮北 | −1.299 | 1.304 | 7.829 | 2.917 | −0.971 | −8.782 | 1.573 | 0.789 | 3.295 |
| | 淮南 | −0.731 | 2.038 | 7.681 | 3.017 | −1.440 | −8.381 | 0.911 | 1.141 | 4.991 |
| | 黄山 | −0.277 | 4.618 | −0.681 | 3.006 | −1.676 | −9.071 | −1.015 | 4.075 | 4.382 |
| | 六安 | −0.454 | 2.012 | 7.686 | 3.169 | −1.090 | −8.531 | 0.495 | 1.594 | 7.643 |
| | 马鞍山 | −0.571 | 4.914 | 4.220 | 2.901 | −0.734 | −6.539 | 0.387 | 1.342 | 2.654 |
| | 宿州 | −1.100 | 1.590 | 6.441 | 2.708 | −0.221 | −8.529 | 1.561 | 0.322 | 2.607 |
| | 铜陵 | −0.122 | 3.494 | 2.357 | 3.021 | −1.127 | −7.542 | −0.004 | 2.940 | 5.104 |
| | 芜湖 | −0.365 | 4.611 | 2.951 | 2.929 | −1.121 | −7.176 | 0.115 | 2.155 | 3.508 |
| | 宣城 | −0.551 | 6.091 | 1.599 | 2.744 | −1.332 | −7.610 | −0.385 | 2.449 | 2.406 |

4. 长三角镇区老龄化人口因素、经济发展水平由东西分异向南北分异转变，医疗卫生水平、受教育水平、自然条件保持南北分异，城镇化水平保持东西分异

2000 年东部地区人口自然增长和城镇化水平对镇区老龄化的负向作用较强，随着人口自然增长和城镇化水平的加深，到 2020 年人口自然增长和城镇化水平的作用呈现出南北分异的格局，这是长三角市域镇区老龄化程度高值区维持在东部、低值区向南北分异格局转变的主要原因。2000 年受教育水平、医疗卫生水平和自然条件南高北低，人口迁移、经济发展水平西高东低。随着经济发展水平较高的少数城市吸引了绝大多数经济发展水平较低地区年轻人口的迁入，城镇化水平不断提升，年轻人口迁入镇区，医疗卫生水平提升，年轻人口的重症

得以有效解决,老年人口对生活环境的追求得到满足。到 2020 年,人口迁移、经济发展水平、医疗卫生水平和自然条件转变为南北分异。

表 2.37　2000—2020 年长三角地区
市域镇区人口老龄化自然增长率、净迁移率、人均 GDP、平均受教育年限驱动机制

| 省域 | 市域 | 自然增长率 | | | 净迁移率 | | | 人均 GDP | | | 平均受教育年限 | | |
|---|---|---|---|---|---|---|---|---|---|---|---|---|---|
| | | 2000 | 2010 | 2020 | 2000 | 2010 | 2020 | 2000 | 2010 | 2020 | 2000 | 2010 | 2020 |
| 上海 | 上海 | −4.114 | −12.760 | −13.844 | 0.610 | 0.906 | −2.395 | 2.755 | −10.823 | 4.318 | 1.964 | 4.636 | −2.324 |
| 江苏 | 常州 | −3.027 | −7.966 | −13.636 | 0.476 | 0.361 | −1.755 | 3.014 | −7.518 | 4.337 | 2.764 | 4.116 | −0.978 |
| | 淮安 | −2.975 | −5.398 | −12.478 | 0.802 | −0.993 | −1.874 | 2.935 | 1.852 | 12.823 | 2.343 | −2.042 | −0.186 |
| | 连云港 | −2.955 | −4.449 | −10.852 | 0.917 | −1.726 | −2.184 | 2.913 | 6.875 | 20.418 | 2.127 | −5.631 | 1.556 |
| | 南京 | −2.658 | −6.332 | −13.722 | 0.698 | 0.006 | −1.497 | 3.260 | −3.665 | 5.130 | 2.573 | 2.567 | −1.425 |
| | 南通 | −4.669 | −11.972 | −16.947 | 0.437 | 0.632 | −2.307 | 3.223 | −11.871 | 9.200 | 2.513 | 3.593 | −4.656 |
| | 苏州 | −3.946 | −11.184 | −14.265 | 0.354 | 0.690 | −2.277 | 2.733 | −10.989 | 5.334 | 2.588 | 4.916 | −2.039 |
| | 宿迁 | −2.553 | −4.313 | −11.450 | 1.009 | −1.347 | −1.631 | 3.086 | 5.076 | 14.256 | 2.198 | −3.139 | 0.176 |
| | 泰州 | −4.038 | −8.866 | −15.172 | 0.457 | 0.046 | −2.253 | 2.784 | −7.825 | 9.278 | 2.601 | 1.643 | −2.358 |
| | 无锡 | −3.894 | −10.280 | −14.848 | 0.334 | 0.529 | −2.188 | 2.747 | −10.559 | 5.940 | 2.734 | 4.421 | −2.344 |
| | 徐州 | −1.955 | −3.282 | −10.846 | 1.657 | −1.324 | −0.993 | 2.819 | 6.181 | 10.222 | 1.753 | −2.898 | −0.433 |
| | 盐城 | −4.394 | −8.183 | −14.487 | 0.627 | −0.490 | −2.469 | 2.837 | −3.797 | 15.060 | 2.205 | −2.448 | −0.525 |
| | 扬州 | −3.469 | −7.147 | −14.066 | 0.582 | −0.333 | −2.050 | 2.779 | −3.923 | 9.495 | 2.550 | 0.500 | −1.394 |
| | 镇江 | −3.288 | −7.759 | −14.357 | 0.499 | 0.097 | −1.887 | 2.850 | −6.548 | 6.190 | 2.704 | 2.860 | −1.786 |
| 浙江 | 杭州 | −2.403 | −8.032 | −6.622 | 0.541 | 0.809 | −1.686 | 3.948 | −7.448 | 3.180 | 3.134 | 4.442 | 5.358 |
| | 湖州 | −3.079 | −9.265 | −10.957 | 0.424 | 0.685 | −1.974 | 3.006 | −9.011 | 3.334 | 2.720 | 5.086 | 1.511 |
| | 嘉兴 | −3.575 | −11.073 | −10.662 | 0.546 | 0.829 | −2.345 | 2.684 | −9.619 | 3.390 | 2.177 | 4.809 | 1.280 |
| | 金华 | −2.358 | −7.689 | −3.343 | 0.786 | 0.929 | −1.742 | 4.157 | −6.630 | 3.527 | 3.213 | 3.340 | 8.432 |
| | 丽水 | −1.481 | −6.548 | −1.560 | 1.019 | 1.036 | −1.280 | 5.880 | −6.122 | 4.494 | 4.658 | 2.199 | 9.595 |
| | 宁波 | −3.419 | −10.387 | −6.269 | 1.200 | 1.020 | −2.325 | 2.758 | −7.753 | 1.270 | 1.204 | 3.033 | 5.432 |
| | 衢州 | −1.422 | −6.474 | −3.435 | 0.661 | 0.970 | −1.131 | 6.030 | −6.539 | 4.050 | 4.607 | 3.164 | 7.628 |
| | 绍兴 | −3.071 | −9.394 | −5.779 | 0.796 | 0.910 | −2.189 | 3.063 | −7.644 | 2.871 | 2.155 | 3.885 | 6.074 |
| | 台州 | −2.881 | −7.990 | −2.956 | 1.261 | 1.001 | −1.843 | 3.397 | −5.923 | 2.358 | 2.089 | 2.774 | 8.431 |
| | 温州 | −1.936 | −6.192 | −1.193 | 1.397 | 1.045 | −1.073 | 4.889 | −4.793 | 3.567 | 3.961 | 2.132 | 9.145 |
| | 舟山 | −3.708 | −12.060 | −8.787 | 1.484 | 1.148 | −2.396 | 2.662 | −8.865 | −1.121 | 0.509 | 2.382 | 2.984 |

续表

| 省域 | 市域 | 自然增长率 | | | 净迁移率 | | | 人均GDP | | | 平均受教育年限 | | |
|---|---|---|---|---|---|---|---|---|---|---|---|---|---|
| | | 2000 | 2010 | 2020 | 2000 | 2010 | 2020 | 2000 | 2010 | 2020 | 2000 | 2010 | 2020 |
| 安徽 | 安庆 | -1.014 | -2.919 | -12.157 | 1.647 | 0.902 | -0.497 | 5.331 | -0.852 | 1.757 | 2.040 | 1.241 | -2.301 |
| | 蚌埠 | -1.996 | -3.550 | -12.080 | 1.695 | -0.716 | -0.654 | 3.126 | 4.113 | 6.690 | 1.602 | -1.139 | -1.293 |
| | 亳州 | -1.793 | -3.106 | -12.537 | 2.586 | -0.248 | -0.049 | 2.178 | 2.298 | 0.440 | 0.868 | -1.041 | -1.515 |
| | 池州 | -1.170 | -3.947 | -10.325 | 1.010 | 0.737 | -0.647 | 5.614 | -2.051 | 2.873 | 2.957 | 2.474 | -0.159 |
| | 滁州 | -2.246 | -4.535 | -12.805 | 1.112 | -0.515 | -1.116 | 3.462 | 1.840 | 7.081 | 2.146 | 0.219 | -1.351 |
| | 阜阳 | -1.884 | -2.958 | -13.331 | 2.805 | 0.355 | 0.115 | 1.957 | 0.426 | -2.121 | 0.698 | -0.516 | -1.819 |
| | 合肥 | -1.712 | -3.736 | -13.006 | 1.468 | 0.079 | -0.666 | 4.105 | 1.271 | 3.241 | 1.788 | 1.278 | -2.056 |
| | 淮北 | -1.818 | -3.210 | -11.842 | 2.213 | -0.729 | -0.371 | 2.514 | 4.006 | 4.275 | 1.203 | -1.635 | -1.260 |
| | 淮南 | -1.831 | -3.275 | -12.830 | 2.037 | -0.075 | -0.351 | 3.288 | 2.378 | 2.744 | 1.225 | -0.091 | -1.976 |
| | 黄山 | -1.455 | -5.358 | -7.872 | 0.696 | 0.799 | -0.873 | 5.511 | -4.655 | 3.459 | 3.620 | 3.446 | 2.819 |
| | 六安 | -1.567 | -2.905 | -13.407 | 2.293 | 0.627 | -0.278 | 3.684 | 0.298 | 0.266 | 1.029 | 0.421 | -2.533 |
| | 马鞍山 | -2.179 | -5.417 | -13.238 | 0.870 | 0.097 | -1.177 | 3.775 | -2.145 | 4.009 | 2.442 | 2.652 | -1.351 |
| | 宿州 | -1.912 | -3.316 | -11.408 | 1.852 | -1.036 | -0.690 | 2.769 | 5.137 | 7.593 | 1.528 | -2.152 | -0.904 |
| | 铜陵 | -1.441 | -4.110 | -12.018 | 1.111 | 0.475 | -0.754 | 4.911 | -1.138 | 2.682 | 2.431 | 2.545 | -1.137 |
| | 芜湖 | -1.857 | -5.105 | -12.501 | 0.902 | 0.332 | -1.011 | 4.272 | -2.407 | 3.124 | 2.517 | 3.101 | -0.845 |
| | 宣城 | -2.238 | -6.880 | -10.807 | 0.601 | 0.585 | -1.356 | 3.966 | -6.189 | 3.204 | 2.904 | 4.395 | 1.346 |

表 2.38　2000—2020 年长三角地区

市域镇区人口老龄化城镇化率、医疗卫生水平、绿地覆盖面积驱动机制

| 省域 | 市域 | 城镇化率 | | | 医疗卫生水平 | | | 绿地覆盖面积 | | |
|---|---|---|---|---|---|---|---|---|---|---|
| | | 2000 | 2010 | 2020 | 2000 | 2010 | 2020 | 2000 | 2010 | 2020 |
| 上海 | 上海 | −3.526 | −1.271 | 18.210 | 1.546 | 0.398 | −0.526 | −2.802 | −5.517 | −13.762 |
| 江苏 | 常州 | −1.957 | 0.153 | 9.552 | 0.161 | 0.500 | −3.521 | −2.587 | −5.961 | −8.515 |
| | 淮安 | −1.973 | −3.551 | 1.654 | −1.177 | 3.912 | −1.796 | −0.722 | −3.666 | −11.855 |
| | 连云港 | −1.903 | −4.378 | −6.407 | −1.820 | 5.405 | −1.125 | 0.285 | −2.511 | −12.968 |
| | 南京 | −1.602 | −1.831 | 6.766 | −0.486 | 0.952 | −4.149 | −2.360 | −5.066 | −7.313 |
| | 南通 | −4.403 | −0.346 | 16.148 | 0.661 | 2.010 | 1.524 | −1.117 | −6.620 | −14.335 |
| | 苏州 | −3.189 | 0.414 | 15.067 | 1.183 | 0.680 | −0.671 | −2.472 | −6.582 | −12.600 |
| | 宿迁 | −1.737 | −4.587 | −1.460 | −1.559 | 4.115 | −2.608 | −0.462 | −2.948 | −11.502 |
| | 泰州 | −3.330 | 0.346 | 10.731 | −0.119 | 2.785 | 0.264 | −0.689 | −6.108 | −12.819 |
| | 无锡 | −3.079 | 0.867 | 13.850 | 0.803 | 1.155 | −0.668 | −2.117 | −6.855 | −12.080 |
| | 徐州 | −1.916 | −4.894 | −0.804 | −2.504 | 3.067 | −3.162 | 1.273 | −1.792 | −9.957 |
| | 盐城 | −3.946 | −1.317 | 4.108 | −0.979 | 4.411 | 1.291 | 1.221 | −3.799 | −14.309 |
| | 扬州 | −2.488 | −1.201 | 7.352 | −0.565 | 2.992 | −0.986 | −0.977 | −5.179 | −11.727 |
| | 镇江 | −2.222 | −0.227 | 9.658 | −0.082 | 1.598 | −2.140 | −1.953 | −6.028 | −9.936 |
| 浙江 | 杭州 | −2.433 | 0.674 | 5.216 | 0.608 | −1.518 | −8.001 | −3.135 | −3.011 | −6.006 |
| | 湖州 | −2.284 | 0.813 | 10.044 | 0.784 | −0.564 | −4.295 | −2.874 | −5.319 | −9.027 |
| | 嘉兴 | −2.918 | 0.329 | 13.643 | 1.345 | −0.408 | −3.104 | −2.840 | −5.084 | −11.270 |
| | 金华 | −3.296 | 0.846 | 3.281 | 0.669 | −1.584 | −10.051 | −2.917 | −1.360 | −4.584 |
| | 丽水 | −4.607 | 0.549 | −1.522 | 0.460 | −1.439 | −11.995 | −3.168 | 0.533 | −1.364 |
| | 宁波 | −3.350 | 1.208 | 12.119 | 0.990 | −0.857 | −7.019 | −2.622 | −3.110 | −8.766 |
| | 衢州 | −3.464 | 0.601 | −0.210 | 0.600 | −1.817 | −11.197 | −3.880 | −0.594 | −2.563 |
| | 绍兴 | −2.978 | 1.007 | 8.657 | 0.987 | −1.241 | −7.270 | −2.750 | −3.030 | −7.830 |
| | 台州 | −3.695 | 1.404 | 4.601 | 0.434 | −1.378 | −10.023 | −2.433 | −1.859 | −4.228 |
| | 温州 | −4.816 | 0.213 | −3.088 | −0.288 | −1.369 | −11.673 | −2.293 | −0.016 | 0.511 |
| | 舟山 | −3.621 | 0.480 | 17.595 | 1.058 | −0.257 | −5.475 | −2.681 | −3.207 | −11.031 |

续表

| 省域 | 市域 | 城镇化率 | | | 医疗卫生水平 | | | 绿地覆盖面积 | | |
|---|---|---|---|---|---|---|---|---|---|---|
| | | 2000 | 2010 | 2020 | 2000 | 2010 | 2020 | 2000 | 2010 | 2020 |
| 安徽 | 安庆 | −2.136 | −3.123 | −1.527 | −1.354 | −1.726 | −7.304 | −1.866 | −0.854 | 1.195 |
| | 蚌埠 | −2.056 | −5.304 | −0.054 | −2.496 | 1.621 | −5.669 | 0.915 | −1.864 | −5.981 |
| | 亳州 | −2.608 | −4.665 | 1.838 | −3.965 | 0.341 | −5.420 | 3.937 | 0.492 | −3.994 |
| | 池州 | −1.765 | −2.580 | −0.808 | −0.440 | −1.700 | −8.081 | −3.562 | −1.711 | −0.440 |
| | 滁州 | −1.623 | −4.581 | 2.123 | −1.355 | 1.535 | −5.073 | −1.306 | −3.382 | −6.580 |
| | 阜阳 | −2.771 | −4.108 | 1.679 | −4.350 | −0.774 | −6.567 | 4.369 | 1.214 | −1.019 |
| | 合肥 | −1.766 | −4.751 | 1.047 | −1.665 | −0.394 | −6.889 | −1.110 | −2.414 | −1.990 |
| | 淮北 | −2.368 | −4.937 | 0.996 | −3.373 | 1.458 | −4.650 | 2.908 | −0.577 | −6.490 |
| | 淮南 | −2.338 | −5.008 | 0.317 | −2.946 | 0.061 | −7.037 | 1.530 | −1.210 | −2.194 |
| | 黄山 | −2.046 | −0.952 | 0.460 | 0.009 | −1.770 | −9.130 | −3.888 | −2.002 | −2.193 |
| | 六安 | −2.595 | −3.953 | 0.072 | −3.090 | −1.171 | −7.457 | 1.635 | −0.494 | 0.625 |
| | 马鞍山 | −1.387 | −2.820 | 4.671 | −0.704 | 0.073 | −5.672 | −2.576 | −4.229 | −4.877 |
| | 宿州 | −2.098 | −5.049 | −0.034 | −2.810 | 2.306 | −4.196 | 1.802 | −1.406 | −8.173 |
| | 铜陵 | −1.521 | −3.381 | 0.937 | −0.803 | −1.273 | −7.403 | −2.902 | −2.520 | −1.207 |
| | 芜湖 | −1.346 | −2.722 | 3.324 | −0.615 | −0.750 | −6.718 | −2.962 | −3.646 | −3.230 |
| | 宣城 | −1.655 | −0.423 | 5.334 | 0.023 | −0.999 | −6.742 | −3.203 | −4.213 | −5.191 |

5. 长三角市域乡村老龄化驱动机制作用在西北部地区和东部地区

2000 年东部地区人口自然增长对乡村老龄化的负向作用较强,随着出生率下降、人口自然增长的减缓,到 2020 年左右,人口自然增长的作用呈现出南北分异的格局,这是长三角市域乡村老龄化程度高值区维持在东部、低值区在西北部的主要原因。2000 年左右,经济发展水平、受教育程度、自然条件水平南低北高,城镇化水平、医疗卫生水平南高北低。随着经济发展和城镇化水平提高,导致年轻人口从乡村迁入城镇,加剧乡村人口老龄化的程度。随着医疗技术的进步和医疗设施的完善,老年人预期寿命得以延长,受教育水平提高和绿化覆盖面积扩大,到 2020 年,受教育程度、自然条件南高北低,人口迁移、经济发展水平、城镇化水平、医疗卫生水平南低北高。

表 2.39 2000—2020 年长三角地区
市域乡村人口老龄化自然增长率、净迁移率、人均 GDP、平均受教育年限驱动机制

| 省域 | 市域 | 自然增长率 | | | 净迁移率 | | | 人均 GDP | | | 平均受教育年限 | | |
|------|------|------|------|------|------|------|------|------|------|------|------|------|------|
| | | 2000 | 2010 | 2020 | 2000 | 2010 | 2020 | 2000 | 2010 | 2020 | 2000 | 2010 | 2020 |
| 上海 | 上海 | −4.558 | −13.743 | −19.840 | 2.286 | −0.357 | −1.609 | −3.183 | −17.061 | −1.319 | −1.237 | −1.154 | −0.148 |
| 江苏 | 常州 | −3.206 | −9.728 | −16.338 | 2.391 | −1.571 | −3.482 | −0.396 | −9.327 | 8.663 | −0.655 | −0.203 | −0.613 |
| | 淮安 | −3.779 | −7.424 | −17.263 | 2.672 | −3.122 | −5.524 | 0.293 | −0.860 | 26.030 | 0.545 | −5.037 | −0.831 |
| | 连云港 | −4.374 | −6.605 | −19.235 | 2.957 | −3.955 | −5.557 | −0.134 | 5.298 | 35.296 | 1.685 | −9.052 | 2.966 |
| | 南京 | −3.007 | −8.333 | −15.261 | 2.499 | −2.141 | −4.534 | 0.019 | −5.501 | 14.652 | −0.361 | −1.430 | −1.911 |
| | 南通 | −5.424 | −13.209 | −24.824 | 2.433 | −0.720 | −1.761 | −0.083 | −16.928 | 6.201 | −0.365 | −1.173 | −3.525 |
| | 苏州 | −4.271 | −12.365 | −19.854 | 2.294 | −0.803 | −2.120 | −1.501 | −14.938 | 2.422 | −0.789 | −0.072 | −0.658 |
| | 宿迁 | −3.574 | −6.243 | −16.033 | 2.878 | −3.748 | −6.185 | −0.002 | 3.973 | 31.096 | 1.173 | −5.997 | 0.425 |
| | 泰州 | −4.553 | −10.603 | −21.492 | 2.492 | −1.583 | −3.319 | 0.553 | −11.771 | 13.966 | −0.334 | −1.795 | −2.568 |
| | 无锡 | −4.201 | −11.673 | −20.303 | 2.335 | −1.046 | −2.489 | −0.637 | −14.014 | 5.502 | −0.600 | −0.083 | −1.467 |
| | 徐州 | −3.148 | −4.754 | −13.816 | 3.521 | −4.183 | −6.695 | −0.660 | 8.914 | 35.076 | 1.816 | −4.799 | 0.909 |
| | 盐城 | −5.341 | −10.062 | −23.115 | 2.675 | −2.110 | −3.598 | 0.946 | −8.413 | 21.588 | 0.023 | −5.293 | −0.910 |
| | 扬州 | −3.993 | −9.106 | −19.009 | 2.523 | −2.181 | −4.367 | 0.464 | −7.451 | 18.359 | −0.126 | −2.723 | −2.198 |
| | 镇江 | −3.583 | −9.611 | −18.028 | 2.432 | −1.767 | −3.842 | 0.111 | −9.311 | 12.616 | −0.416 | −0.969 | −2.104 |
| 浙江 | 杭州 | −2.673 | −9.126 | −9.432 | 2.490 | −1.288 | −2.521 | −2.137 | −6.885 | 1.668 | −1.641 | 0.434 | 7.336 |
| | 湖州 | −3.194 | −10.561 | −14.307 | 2.394 | −1.142 | −2.626 | −1.672 | −10.563 | 2.533 | −1.267 | 0.473 | 2.978 |
| | 嘉兴 | −3.814 | −12.060 | −15.221 | 2.372 | −0.681 | −2.050 | −3.152 | −13.870 | −0.256 | −1.571 | −0.064 | 3.274 |
| | 金华 | −2.913 | −8.098 | −6.709 | 2.529 | −1.122 | −2.094 | −3.286 | −7.148 | 1.256 | −1.701 | 1.476 | 10.604 |
| | 丽水 | −2.536 | −5.873 | −5.079 | 2.587 | −1.358 | −2.088 | −2.715 | −2.936 | 1.745 | −0.947 | 2.214 | 12.559 |
| | 宁波 | −3.829 | −11.371 | −9.713 | 2.575 | −0.454 | −1.952 | −5.153 | −14.323 | −0.119 | −2.362 | −0.266 | 9.024 |
| | 衢州 | −2.230 | −7.280 | −6.260 | 2.486 | −1.639 | −2.533 | −1.904 | −0.894 | 1.911 | −1.272 | −0.524 | 10.801 |
| | 绍兴 | −3.415 | −10.212 | −9.326 | 2.506 | −0.790 | −2.073 | −3.996 | −11.344 | 0.636 | −2.031 | 0.663 | 8.452 |
| | 台州 | −3.505 | −8.583 | −5.863 | 2.603 | −0.827 | −1.906 | −4.891 | −10.804 | 1.970 | −1.894 | 2.112 | 12.219 |
| | 温州 | −2.970 | −5.737 | −4.279 | 2.688 | −1.206 | −1.834 | −4.041 | −6.549 | 2.394 | −0.789 | 4.493 | 13.518 |
| | 舟山 | −4.112 | −13.177 | −12.642 | 2.625 | −0.102 | −1.830 | −5.628 | −17.181 | −2.566 | −2.629 | −1.983 | 7.206 |

续表

| 省域 | 市域 | 自然增长率 | | | 净迁移率 | | | 人均GDP | | | 平均受教育年限 | | |
|---|---|---|---|---|---|---|---|---|---|---|---|---|---|
| | | 2000 | 2010 | 2020 | 2000 | 2010 | 2020 | 2000 | 2010 | 2020 | 2000 | 2010 | 2020 |
| 安徽 | 安庆 | −2.068 | −4.392 | −5.168 | 3.035 | −2.562 | −5.117 | −1.085 | 4.278 | 16.315 | −0.960 | −2.609 | 3.956 |
| | 蚌埠 | −2.794 | −4.909 | −12.242 | 3.360 | −3.747 | −6.806 | −0.406 | 6.769 | 27.919 | 0.661 | −3.562 | −1.568 |
| | 亳州 | −2.386 | −3.861 | −11.557 | 4.436 | −3.850 | −7.059 | −0.652 | 8.982 | 26.895 | 0.539 | −2.287 | −1.354 |
| | 池州 | −2.072 | −6.066 | −6.238 | 2.552 | −2.302 | −4.234 | −1.038 | 1.532 | 12.080 | −0.827 | −2.410 | 4.616 |
| | 滁州 | −2.888 | −6.394 | −13.461 | 2.787 | −3.065 | −5.925 | 0.007 | 1.333 | 22.671 | 0.160 | −3.196 | −2.346 |
| | 阜阳 | −2.084 | −3.447 | −11.508 | 4.790 | −3.563 | −7.204 | −0.511 | 8.521 | 23.981 | −0.255 | −1.944 | −1.420 |
| | 合肥 | −2.421 | −5.377 | −10.074 | 2.982 | −2.900 | −5.823 | −0.413 | 3.213 | 19.512 | −0.358 | −2.555 | −1.536 |
| | 淮北 | −2.704 | −4.240 | −12.074 | 3.982 | −4.024 | −6.989 | −0.745 | 9.071 | 30.222 | 1.112 | −3.068 | −0.811 |
| | 淮南 | −2.467 | −4.369 | −10.613 | 3.636 | −3.427 | −6.693 | −0.540 | 6.771 | 23.842 | −0.163 | −2.736 | −1.908 |
| | 黄山 | −2.117 | −7.413 | −7.257 | 2.471 | −1.950 | −3.389 | −1.284 | −0.915 | 6.937 | −1.145 | −1.563 | 6.667 |
| | 六安 | −2.209 | −3.748 | −8.768 | 3.879 | −3.026 | −6.391 | −0.818 | 6.389 | 20.496 | −0.962 | −2.395 | 0.075 |
| | 马鞍山 | −2.633 | −7.459 | −12.906 | 2.552 | −2.302 | −4.780 | −0.182 | −2.859 | 14.906 | −0.401 | −1.650 | −1.348 |
| | 宿州 | −2.933 | −4.592 | −12.799 | 3.628 | −4.084 | −6.902 | −0.654 | 8.666 | 32.200 | 1.402 | −3.892 | −0.232 |
| | 铜陵 | −2.202 | −6.130 | −8.340 | 2.635 | −2.392 | −4.707 | −0.690 | 0.817 | 14.224 | −0.646 | −2.183 | 1.567 |
| | 芜湖 | −2.386 | −7.179 | −10.887 | 2.536 | −2.215 | −4.508 | −0.495 | −2.011 | 13.067 | −0.580 | −1.604 | 0.354 |
| | 宣城 | −2.509 | −8.708 | −11.596 | 2.451 | −1.672 | −3.402 | −0.945 | −5.721 | 6.661 | −1.049 | −0.381 | 3.040 |

表 2.40　2000—2020 年长三角地区

市域乡村人口老龄化城镇化率、医疗卫生水平、绿地覆盖面积驱动机制

| 省域 | 市域 | 城镇化率 | | | 医疗卫生水平 | | | 绿地覆盖面积 | | |
|---|---|---|---|---|---|---|---|---|---|---|
| | | 2000 | 2010 | 2020 | 2000 | 2010 | 2020 | 2000 | 2010 | 2020 |
| 上海 | 上海 | 6.603 | 7.726 | 14.790 | 2.907 | 4.276 | −6.717 | −6.699 | −7.259 | −18.107 |
| 江苏 | 常州 | 4.906 | 4.405 | 10.559 | 4.244 | 6.479 | −3.364 | −6.858 | −7.852 | −14.169 |
| | 淮安 | 1.243 | 1.088 | 8.585 | 2.655 | 11.325 | 5.720 | −2.015 | −6.190 | −24.584 |
| | 连云港 | 0.231 | −1.441 | −2.243 | 0.728 | 13.683 | 6.498 | −0.298 | −4.785 | −27.806 |
| | 南京 | 3.992 | 2.708 | 11.320 | 4.149 | 7.603 | −0.461 | −5.857 | −6.762 | −15.270 |
| | 南通 | 2.350 | 7.028 | 14.073 | 2.010 | 7.212 | −3.065 | −3.270 | −9.060 | −20.586 |
| | 苏州 | 5.297 | 6.889 | 12.539 | 3.400 | 5.509 | −5.063 | −6.553 | −8.744 | −17.016 |
| | 宿迁 | 1.164 | −1.126 | 5.251 | 2.266 | 11.822 | 7.841 | −2.118 | −5.413 | −26.296 |
| | 泰州 | 1.484 | 5.770 | 12.002 | 2.751 | 8.916 | −0.215 | −2.347 | −8.870 | −20.733 |
| | 无锡 | 4.220 | 6.536 | 12.310 | 3.455 | 6.498 | −3.737 | −5.737 | −9.160 | −17.256 |
| | 徐州 | 1.034 | −4.042 | 1.560 | 1.524 | 10.135 | 10.422 | −2.100 | −4.724 | −26.606 |
| | 盐城 | −0.823 | 4.061 | 7.285 | 1.490 | 11.325 | 2.134 | 0.998 | −7.081 | −25.073 |
| | 扬州 | 1.698 | 4.017 | 11.472 | 3.050 | 9.656 | 1.995 | −2.585 | −7.790 | −21.215 |
| | 镇江 | 3.369 | 4.647 | 12.007 | 3.763 | 7.851 | −0.885 | −4.941 | −8.227 | −17.214 |
| 浙江 | 杭州 | 7.861 | 2.622 | 3.040 | 4.369 | 3.121 | −10.983 | −9.066 | −6.120 | −7.759 |
| | 湖州 | 6.747 | 4.850 | 8.073 | 4.198 | 4.457 | −7.274 | −8.195 | −7.589 | −12.222 |
| | 嘉兴 | 7.406 | 6.895 | 10.290 | 3.505 | 3.582 | −8.651 | −7.704 | −7.433 | −14.221 |
| | 金华 | 8.421 | 2.721 | 0.550 | 3.761 | 1.386 | −15.091 | −8.811 | −6.471 | −5.272 |
| | 丽水 | 7.982 | −0.969 | −3.272 | 3.962 | 0.750 | −16.505 | −9.398 | −6.714 | −2.058 |
| | 宁波 | 8.634 | 7.450 | 7.745 | 2.736 | 1.619 | −14.512 | −7.213 | −5.903 | −11.732 |
| | 衢州 | 8.069 | −1.569 | −2.107 | 4.865 | 2.779 | −13.168 | −10.038 | −4.725 | −3.957 |
| | 绍兴 | 8.490 | 5.855 | 5.008 | 3.353 | 1.856 | −13.423 | −8.086 | −6.607 | −9.424 |
| | 台州 | 8.691 | 4.874 | 1.601 | 2.641 | 0.344 | −17.544 | −7.639 | −6.570 | −6.346 |
| | 温州 | 8.100 | 0.795 | −3.187 | 2.523 | −0.601 | −18.753 | −8.087 | −7.584 | −1.614 |
| | 舟山 | 8.396 | 8.260 | 12.716 | 2.482 | 2.234 | −13.347 | −6.498 | −4.921 | −15.444 |

续表

| 省域 | 市域 | 城镇化率 | | | 医疗卫生水平 | | | 绿地覆盖面积 | | |
|---|---|---|---|---|---|---|---|---|---|---|
| | | 2000 | 2010 | 2020 | 2000 | 2010 | 2020 | 2000 | 2010 | 2020 |
| 安徽 | 安庆 | 5.817 | −2.304 | 2.127 | 4.364 | 4.380 | −5.816 | −7.412 | −0.911 | −6.134 |
| | 蚌埠 | 1.847 | −3.348 | 8.664 | 2.628 | 8.868 | 8.680 | −2.829 | −4.397 | −21.927 |
| | 亳州 | 1.101 | −5.238 | 9.208 | 1.065 | 7.102 | 13.061 | −1.146 | −3.001 | −23.980 |
| | 池州 | 6.939 | −1.356 | 1.938 | 5.125 | 4.717 | −7.745 | −9.392 | −2.081 | −5.684 |
| | 滁州 | 2.790 | −0.574 | 10.765 | 3.632 | 8.812 | 4.311 | −4.270 | −5.207 | −18.566 |
| | 阜阳 | 1.305 | −5.134 | 10.477 | 0.793 | 5.971 | 11.944 | −0.707 | −1.916 | −21.450 |
| | 合肥 | 3.956 | −1.839 | 9.006 | 3.939 | 6.591 | 0.833 | −5.439 | −3.351 | −12.110 |
| | 淮北 | 1.151 | −4.856 | 6.655 | 1.494 | 8.311 | 12.290 | −1.771 | −3.932 | −24.985 |
| | 淮南 | 2.427 | −3.676 | 9.372 | 2.597 | 7.009 | 5.912 | −2.829 | −3.155 | −16.510 |
| | 黄山 | 7.637 | −0.716 | 0.997 | 5.080 | 4.262 | −9.705 | −9.897 | −3.379 | −5.628 |
| | 六安 | 3.292 | −3.505 | 6.921 | 2.499 | 5.234 | 1.609 | −3.152 | −1.516 | −11.263 |
| | 马鞍山 | 4.672 | 1.227 | 9.957 | 4.440 | 6.905 | −1.305 | −6.766 | −5.422 | −12.711 |
| | 宿州 | 1.199 | −4.247 | 5.062 | 1.800 | 9.350 | 11.176 | −2.178 | −4.513 | −25.601 |
| | 铜陵 | 5.930 | −0.810 | 5.308 | 4.848 | 5.406 | −4.790 | −8.245 | −2.886 | −7.802 |
| | 芜湖 | 5.663 | 0.624 | 7.552 | 4.757 | 5.952 | −3.763 | −7.973 | −4.438 | −9.828 |
| | 宣城 | 6.697 | 2.171 | 6.003 | 4.732 | 4.953 | −6.823 | −8.800 | −5.738 | −9.432 |

# 第三章　长三角地区养老服务资源的空间配置

　　基于地方统计年鉴与地球大数据,利用遥感和 GIS 软件,参照相关文献(郭素玲、陈雯,2020),拟选取养老机构、三级医疗、养老服务人员、养老床位、医疗床位数和医护人员、公共绿地、医疗保障、养老保障与福利等作为养老服务资源的变量,由于部分数据搜集困难并考虑到科学性、可行性等原因,本研究重点分析长三角地区养老服务物质资源中的养老保障资源(以养老设施为代表)、生态环境服务资源(以公园绿地面积为代表)、经济保障资源(以社会保障资源为代表)、医疗服务资源(以医疗床位资源为代表),最后确定万名老人拥有养老设施(包含所有类型的养老机构、养老院、养老公寓、养老服务中心/点、养老护理/照料中心等)、万名老人拥有公园绿地面积、万名老人城镇职工基本养老保险参保人数以及万名老人拥有医疗床位数四个主要的养老服务资源作为长三角地区养老供给变量代表,运用空间聚类分析方法,利用 GIS 软件,进行 2020 年长三角地区四种养老服务资源配置的空间格局研究。

# 第一节　养老保障资源

## 一、养老保障资源空间差异大

选取 65 岁及以上老人万人养老设施数（个/万人）作为衡量养老保障资源的指标 Y1，采用自然断点法分类开展 2020 年长三角市域养老设保障源配置的空间格局研究。由表 3.1 可以发现，长三角市域养老设施划分为五种类型，第一类 65 岁及以上老人万人养老设施为 0.527 < Y1 ≤ 0.667（最少），共包括 11 个地区，约占 26.83%，主要分布在盐城、芜湖、南通、泰州等地区；第二类 65 岁及以上老人万人养老设施为 0.667 < Y1 ≤ 0.873，共包括 11 个地区，约占 26.83%，主要分布在无锡、常州、杭州、绍兴等地区；第三类 65 岁及以上老人万人养老设施为 0.873 < Y1 ≤ 1.104，共包括 12 个地区，约占 29.27%，主要分布在衢州、六安、金华、嘉兴、上海等地区；第四类 65 岁及以上老人万人养老设施为 1.104 < Y1 ≤ 1.357，共包括 5 个地区，约占 12.20%，主要分布在镇江、南京、淮安、蚌埠等地区；第五类 65 岁及以上老人万人养老设施为 1.357 < Y1 ≤ 12.124（最多），仅包括湖州市和温州市 2 个地区，约占 4.87%。可见，养老保障资源空间差异大，南通、泰州等地养老设施供给严重不足，湖州等地养老保障资源最多，上海养老保障资源属于中间类型。

表 3.1　2020 年长三角市域养老保障资源空间分布

| 65 岁以上老人万人养老设施数 | 数量（个） | 地区 | 占比 |
|---|---|---|---|
| 0.527 < Y1 ≤ 0.667 | 11 | 扬州、黄山、泰州、南通、舟山、苏州、宿州、亳州、淮南、芜湖、盐城 | 26.83% |
| 0.667 < Y1 ≤ 0.873 | 11 | 铜陵、池州、马鞍山、宣城、无锡、常州、连云港、杭州、滁州、绍兴、安庆 | 26.83% |
| 0.873 < Y1 ≤ 1.104 | 12 | 阜阳、六安、上海、衢州、徐州、宁波、嘉兴、宿迁、淮北、丽水、金华、合肥 | 29.27% |
| 1.104 < Y1 ≤ 1.357 | 5 | 镇江、淮安、南京、蚌埠等 | 12.20% |
| 1.357 < Y1 ≤ 12.124 | 2 | 湖州、温州 | 4.87% |

## 二、养老设施供给空间差异大

本研究以市域为基本单位，计算长三角每个市域（包括直辖市）内养老设施的变异系数（V），判断长三角市域（包括直辖市）养老设施的差异性，具体公式如下（程叶青，2009）：

$$V = \frac{1}{\bar{U}} \sqrt{\frac{\sum_{i=1}^{n}(Ui - \bar{U})^2}{N}} \tag{16}$$

式中：$V$ 为变异系数。$Ui$ 是第 $i$ 个研究单元的养老设施数，$\bar{U}$ 是各研究单元养老设施平均值，$N$ 为某尺度研究单元的总个数。

从表 3.2 可以看出，长三角地区不同市域间养老设施供给差异最大的是南京、上海、安庆、湖州等城市，差异最小的为铜陵、淮北、绍兴。养老服务资源的配置更多地集中于某些特定的城市，导致养老保障资源在市域尺度的空间差异性。

表 3.2　2020 年长三角市域养老设施分布空间差异

| 地级市变异系数 | 数量<br>（个） | 地区 | 占比 |
|---|---|---|---|
| 0.000 ≤ V < 0.213 | 3 | 铜陵、淮北、绍兴 | 7.32% |
| 0.213 ≤ V < 0.521 | 12 | 阜阳、宿迁、盐城、芜湖、亳州、滁州、常州、徐州、池州、扬州、南通、合肥 | 29.27% |
| 0.521 ≤ V < 0.731 | 13 | 无锡、嘉兴、蚌埠、苏州、宿州、镇江、宣城、台州、宁波、衢州、金华、温州、泰州 | 31.71% |
| 0.731 ≤ V < 1.033 | 8 | 马鞍山、连云港、淮安、黄山、淮南、丽水、杭州、舟山 | 19.51% |
| 1.033 ≤ V < 1.418 | 5 | 上海、六安、湖州、安庆、南京 | 12.20% |

# 第二节　生态环境服务资源

　　生态环境服务资源空间差异很大，南通、盐城等地生态环境服务资源供给不足，黄山、舟山、南京等地区的生态环境服务资源相对最多。

　　选取 65 岁及以上老人万人公园绿地面积（公顷/万人）作为衡量生态环境服务资源的指标 Y2，采用自然断点法分类开展 2020 年长三角市域生态环境服务资源配置的空间格局研究。

　　由表 3.3 可以发现，长三角市域 65 岁及以上老人万人公园绿地面积划分为五种类型，第一类 65 岁及以上老人万人公园绿地面积为 41.324 < Y2 ≤ 75.514（最少），共包括 12 个地区，约占 29.27%，主要分布在丽水、衢州、南通、盐城、金华、宿州、泰州等地区；第二类 65 岁及以上老人万人公园绿地面积为 75.514 < Y2

≤125.590,共包括 12 个地区,约占 29.27%,主要分布在蚌埠、温州、湖州、嘉兴、扬州、徐州、绍兴、池州等地区;第三类 65 岁及以上老人万人公园绿地面积为 125.590 < Y2≤179.718,共包括 10 个地区,约占 24.39%,主要分布在苏州、无锡、常州、镇江、宁波、合肥等地区;第四类 65 岁及以上老人万人公园绿地面积为 179.718 < Y2≤389.691,共包括 4 个地区,约占 9.76%,主要分布在上海、连云港、杭州和铜陵;第五类 65 岁及以上老人万人公园绿地面积为 389.691 < Y2≤725.273(最多),包括南京、舟山、黄山 3 个地区,约占 7.32%。可见,长三角市域尺度的生态环境服务资源空间差异很大(极差 683.95),南通、盐城、金华等地生态环境服务资源供给严重不足,相比而言,黄山、舟山、南京地区的生态环境服务资源最充足。

表 3.3    2020 年长三角市域生态环境服务资源空间分布

| 65 岁以上老人万人公园绿地面积 | 数量（个） | 地区 | 占比 |
|---|---|---|---|
| 41.324 < Y2≤75.514 | 12 | 丽水、六安、亳州、阜阳、衢州、盐城、宿州、金华、南通、泰州、盐城、安庆 | 29.27% |
| 75.514 < Y2≤125.590 | 12 | 滁州、蚌埠、淮安、温州、宣城、湖州、嘉兴、扬州、淮南、徐州、绍兴、池州 | 29.27% |
| 125.590 < Y2≤179.718 | 10 | 芜湖、苏州、宿迁、无锡、淮北、常州、镇江、马鞍山、宁波、合肥 | 24.39% |
| 179.718 < Y2≤389.691 | 4 | 上海、连云港、杭州、铜陵 | 9.76% |
| 389.691 < Y2≤725.273 | 3 | 南京、舟山、黄山 | 7.32% |

# 第三节　经济保障资源

经济保障资源空间差异较大,经济欠发达的六安等地经济保障资源供给严重不足,经济发达的上海等地经济保障资源相对较高,南通、泰州等地经济保障资源属于中间类型。

选取 65 岁及以上老人万人城镇职工基本养老保险参保人数作为衡量经济保障资源的指标 Y3,采用自然断点法分类开展 2020 年长三角市域经济保障资源配置的空间格局研究。由表 3.4 可以发现,长三角市域养老设施划分为 5 种类型,第一类 65 岁及以上老人万人城镇职工基本养老保险参保人数为 753.131 < Y3 ≤ 1093.521(最少),共包括 4 个地区,约占 9.76%,主要分布在阜阳、宿州、六安等地区;第二类 65 岁及以上老人万人城镇职工基本养老保险参保人数为 1093.521 < Y3 ≤ 2267.905,共包括 11 个地区,约占 26.83%,主要分布在滁州、宿州、池州、盐城、黄山等地区;第三类 65 岁及以上老人万人城镇职工基本养老保险参保人数为 2267.905 < Y3 ≤ 3105.884,共包括 9 个地区,约占 21.95%,主要分布在南通、常州、泰州、镇江、芜湖等地区;第四类 65 岁及以上老人万人城镇职工基本养老保险参保人数为 3105.884 < Y3 ≤ 3912.504,共包括 10 个地区,约占 24.39%,主要分布在衢州、无锡、南京、扬州、温州、嘉兴、金华等地区;第五类 65 岁及以上老人万人城镇职工基本养老保险参保人数为 3912.504 < Y3 ≤ 6391.286(最多),共包括 7 个地区,约占 17.07%,主要分布在上海、杭州、苏州等地。可见,经济保障资源空间差异大,相比而言,经济欠发达的阜阳、亳州、宿州等地经济保障资源供给严重不足,经济发达的上海、杭州等地经济保障资源最充沛,南通、泰州等地经济保障资源属于中间类型,65 岁及以上老人万人经济保障资源在 2267.905 到 3105.884 之间。

表 3.4　2020 年长三角市域经济保障资源空间分布

| 65 岁及以上老人万人城镇职工基本养老保险参保人数 | 数量（个） | 地区 | 占比 |
|---|---|---|---|
| 753.131 < Y3 ≤ 1093.521 | 4 | 阜阳、亳州、宿州、六安 | 9.76% |
| 1093.521 < Y3 ≤ 2267.905 | 11 | 滁州、宿迁、池州、盐城、安庆、淮安、黄山、蚌埠、淮南、连云港、徐州 | 26.83% |
| 2267.905 < Y3 ≤ 3105.884 | 9 | 铜陵、芜湖、镇江、淮北、合肥、宣城、泰州、常州、南通 | 21.95% |
| 3105.884 < Y3 ≤ 3912.504 | 10 | 丽水、马鞍山、温州、扬州、嘉兴、金华、南京、台州、无锡、衢州 | 24.39% |
| 3912.504 < Y3 ≤ 6391.286 | 7 | 苏州、湖州、绍兴、宁波、舟山、杭州、上海 | 17.07% |

# 第四节　医疗服务资源

　　医疗服务资源空间差异大，南通等地医疗服务资源供给严重不足，杭州等地医疗服务资源较多，上海医疗服务资源属于中间类型。

　　选取 65 岁及以上老人万人床位数(张/万人)作为衡量医疗服务资源的指标 Y4，采用自然断点法分类开展 2020 年长三角市域医疗服务资源配置的空间格局研究。由表 3.5 可以发现，长三角市域医疗服务资源划分为 5 种类型。

　　第一类 65 岁及以上老人万人医疗床位数为 180.796 < Y4 ≤ 227.105(最少)，共包括 8 个地区，约占 19.51%，主要分布在六安、扬州、南通、宿州等地区；第二类 65 岁及以上老人万人医疗床位数为 227.105 < Y4 ≤ 293.309，共包括 11 个地

区,约占 26.83%,主要分布在池州、黄山、常州、绍兴等地区;第三类 65 岁及以上老人万人医疗床位数为 293.309 < Y4 ≤ 341.779,共包括 13 个地区,约占 31.71%,主要分布在衢州、温州、丽水、湖州、芜湖、宁波、嘉兴、上海等地区;第四类 65 岁及以上老人万人医疗床位数为 341.779 < Y4 ≤ 465.397,共包括 8 个地区,约占 19.51%,主要分布在合肥、南京、苏州、无锡、蚌埠、金华等地区;第五类 65 岁及以上老人万人医疗床位数为 465.397 < Y4 ≤ 574.512(最多),仅包括杭州 1 个地区,约占 4.87%。可见,医疗服务资源空间差异大,南通等地医疗服务资源供给严重不足,杭州医疗服务资源最多,上海医疗服务资源属于中间类型,65 岁及以上老人万人医疗床位数在 293.309 到 341.779 之间,虽然上海的医疗技术水平发达,但上海老龄化比较严重,老年人口众多导致其万人医疗服务资源有限,亟需引起有关部门的重视。

表 3.5　2020 年长三角市域医疗服务资源空间分布

| 65 岁及以上老人 万人床位数 | 数量 (个) | 地区 | 占比 |
|---|---|---|---|
| 180.796 < Y4 ≤ 227.105 | 8 | 六安、扬州、镇江、南通、台州、盐城、宿州、马鞍山 | 19.51% |
| 227.105 < Y4 ≤ 293.309 | 11 | 亳州、安庆、绍兴、滁州、宣城、淮安、连云港、舟山、黄山、池州、常州 | 26.83% |
| 293.309 < Y4 ≤ 341.779 | 13 | 淮南、台州、阜阳、嘉兴、宁波、芜湖、衢州、湖州、徐州、上海、铜陵、丽水、温州 | 31.71% |
| 341.779 < Y4 ≤ 465.397 | 8 | 金华、蚌埠、苏州、无锡、淮北、南京、宿迁、合肥 | 19.51% |
| 465.397 < Y4 ≤ 574.512 | 1 | 杭州 | 4.87% |

# 第四章　长三角地区
# 老年人口与养老服务资源配置的匹配关系

## 第一节　养老服务资源与老年人口耦合关系综合评价

### 一、耦合度模型与指标体系构建

邓聚龙(1987)首先提出灰色系统概念并建立灰色系统理论。灰色关联分析(GRA)是一种多因素统计分析方法,具体而言,灰色关联分析法是一种建立在灰色系统理论上,依据灰色关联度衡量因素间关联程度、描述因素间关联强弱的大小与次序,对某一变化发展系统的动态过程与发展态势进行量化分析的分析方法。灰色关联度是指各因素间发展趋势相似或相异的程度,具体而言,灰色关联度分析法是将研究对象与影响因素的因子值视为一条线上的点,与待识别对象及影响因素的因子值所绘制的曲线进行比较,比较两者之间的贴近程度,并分别量化,计算得到研究对象与待识别对象各影响因素之间贴近程度的关联度,通过比较各关联度的大小来定量评判待识别对象对研究对象的影响程度。若因素间变化的趋势(方向、大小、速度等)具有一致性,则它们之间的关联度较高;反之,则关联度较低。灰色关联度分析能够度量一个系统发展变化的态势,非常适合动态历程的分析。灰色关联度模型能较全面地分析系统多因素相互作用,比其他分析方法更能准确地解释各因素间的亲疏程度与空间布局规律。在处理某种内涵与外延不十分清晰的数据方面,灰色关联分析方法比经典的精确数学法更具有优越性。目前,灰色关联分析已广泛应用于经济、农业、工业、医学、管理等诸多领域,具有较高的实用价值(罗庆成、徐国新,1989;刘思峰、郭天榜,1991)。

　　本研究采用灰色关联法建立耦合度模型,综合评价长三角地区老年人口与养老服务资源耦合关系。根据灰色关联分析法的原理以及灰色关联度模型构建的具体步骤,老年人口与养老服务资源的耦合关联度模型与耦合度模型构建首先应确定反映系统行为特征的参考数列与影响系统行为的比较数列,本研究的两组分析序列分别为老年人口序列与养老服务资源序列。老年人口序列仅选取65 岁及以上老年人口比重指标,养老服务资源序列则包括养老保障资源、生态环境服务资源、经济保障资源以及医疗服务资源四个指标,具体如表4.1:

**表4.1　老年人口与养老服务资源耦合系统指标体系**

| Ⅰ级指标 | Ⅱ级指标 | Ⅲ级指标 |
|---|---|---|
| 老年人口系统 X | 人口老龄化 | $X_1$ 65 岁及以上人口比重 |
| 养老服务资源系统 Y | 养老保障资源 | $Y_1$ 万名老人拥有养老设施 |
| | 生态环境服务资源 | $Y_2$ 万名老人拥有公园绿地面积 |
| | 经济保障资源 | $Y_3$ 万名老人城镇职工基本养老保险参保人数 |
| | 医疗服务资源 | $Y_4$ 万名老人拥有医疗床位数 |

　　由于系统中各因素的物理意义不同,导致数据的量纲也不一定相同,不便于比较,或在比较时难以得到正确的结论,因此在进行灰色关联度分析时,需要对全部指标数据进行无量纲化处理。然后运用数学公式计算关联系数,在此基础之上,先后建立耦合关联度模型以及耦合度模型,分别得到耦合关联度与耦合度,具体步骤如下:

（1）确定分析序列。本文的两组分析序列为人口结构序列组（$X_i$）与经济序列组（$Y_i$）。

（2）数据无量纲化处理。鉴于上述两组分析序列的原始指标数据量纲和数量级不同，在进行灰色关联分析之前，采用极差标准化的方法对数据进行无量钢化处理。

$$Xi' = \frac{Xi - \min_i Xi}{\max_i Xi - \min_i Xi} \tag{17}$$

$$Yj' = \frac{Yj - \min_j Yj}{\max_j Yj - \min_j Yj} \tag{18}$$

（3）求关联系数。关联系数可以用来定量评判关联程度，所谓关联程度，实质上是曲线间几何形状的差别程度。故曲线间差值的大小，可作为关联程度的衡量尺度。对于一个参考数列 $X_0$ 有若干个比较数列 $X_1, X_2, \cdots, X_n$，各比较数列与参考数列在各个时刻（即曲线中的各点）的关联系数可由下列公式算出，具体计算公式如下：

$$Rij(t) = \frac{\min_i\min_j |Xi'(t) - Yj'(t)| + \rho\max_i\max_j |Xi'(t) - Yj'(t)|}{|Xi'(t) - Yj'(t)| + \rho\max_i\max_j |Xi'(t) - Yj'(t)|} \tag{19}$$

式中：$Rij(t)$ 为长三角各市域 $t$ 时刻第 $i$ 个老年人口指标与第 $j$ 个养老抚养指标之间的关联系数；$Xi'(t)$、$Yj'(t)$ 分别为长三角各市域 $t$ 时刻各个老年人口与养老服务资源指标的标准化值；$\rho$ 为分辨率，反映关联系数之间的差异显著性，一般取值 $0.5$。

（4）求耦合关联度和耦合度。由于关联系数是比较两个序列组在各个时刻（即曲线中的各点）的关联程度值，其数值不止一个，且信息过于分散，不便于整体性比较。因此有必要将各个时刻（即曲线中的各点）的关联系数集中为一个值（求其平均值），作为比较数列与参考数列间关联程度的数量表示，这个值便是关联度。本研究采用老年人口与养老服务资源系统耦合的关联度模型和耦合度模型，来揭示老年人口与养老服务资源耦合的主要作用关系与区域间耦合的特征。

关联度 $\gamma$ 的表达公式为：

$$\gamma ij = \frac{1}{k} \sum_{i,j=1}^{k} Rij(t) \qquad (k = 1,2,\cdots,n) \qquad (20)$$

式中：$k$ 为样本数据，采用长三角地区 2020 年的截面数据来分析长三角老年人口与养老服务资源的耦合关联特征。

关联度 $\gamma ij$ 的取值范围在 0—1 之间，若 $\gamma ij = 1$，则说明老年人口系统指标 $Xi(t)$ 与养老服务资源指标 $Yj(t)$ 之间关联性大，两者的变化规律完全一致，两个指标间的耦合作用非常明显。若 $0 < \gamma ij < 1$，说明 $Xi(t)$ 与 $Yj(t)$ 有关联性，且 $\gamma ij$ 值越大，关联性越大，两者的相对变化越接近，耦合性越强，反之亦然。其中，当 $0 < \gamma ij \leqslant 0.35$ 时，为低关联，两系统指标间耦合作用弱；当 $0.35 < \gamma ij \leqslant 0.65$ 时，为中等关联，两系统指标间耦合作用中等；当 $0.65 < \gamma ij \leqslant 0.85$ 时，为较高关联，两指标耦合作用较强；当 $0.85 < \gamma ij \leqslant 1$ 时，为高关联，两指标的相对变化几乎一致，耦合作用极强。

通过关联度矩阵得到系统耦合的关联度模型：

$$di = \frac{1}{l} \sum_{i=1}^{l} \gamma ij \qquad (i = 1,2,\cdots,l; j = 1,2,\cdots,m) \qquad (21)$$

$$dj = \frac{1}{m} \sum_{j=1}^{m} \gamma ij \qquad (i = 1,2,\cdots,l; j = 1,2,\cdots,m) \qquad (22)$$

式中：$di$ 为老年人口系统的第 $i$ 指标与养老服务资源系统的平均关联度（或称灰关联度、序列关联度、线关联度）；$dj$ 为养老服务资源的第 $j$ 指标与老年人口系统的平均关联度；$l$、$m$ 分别为两个系统的指标数。

采用系统关联的耦合度模型，从空间角度定量评判出长三角老年人口与养老服务资源系统整体耦合程度，其计算公式为：

$$C(t) = \frac{1}{m \times l} \sum_{i=1}^{l} \sum_{j=1}^{m} Rij(t) \qquad (23)$$

式中：$C(t)$ 为耦合度；$l$、$m$ 分别为老年人口与养老服务资源系统的指标数。

## 二、耦合关系综合评价

长三角区域老年人口与养老服务资源的总体耦合作用较强，超一半市域养老服务资源与老年人口属于较高耦合关联,中等关联地区主要集聚于该区域的东部和西部。

根据上述指标体系与公式(17)—(23),计算得到2020年长三角老年人口与养老服务资源系统的总耦合度为0.666,属于较高关联,说明长三角区域老年人口与养老服务资源的总体耦合作用较强。(为便于比较,本研究关于耦合度数据统一保留小数点后3位)

进一步计算出2020年各市域老年人口与养老服务资源的耦合度并对两者关系进行综合评价,结合耦合关联划分标准分析,结果如表4.2,长三角老年人口与养老服务资源的总体耦合关系可划分为三种类型,具体如下:

第一种类型是中等耦合关联,包括16个市域(约占39.02%),主要分布在长三角的东部与西部,说明这些地区养老服务资源与老年人口处于中等耦合关联状态,如泰州、南通、杭州、南京、扬州、合肥、温州等;第二种类型是较高关联,包括23个地区(约占56.10%),广泛分布在长三角的东南部、南部以及北部,说明该类型地区养老服务资源与老年人口处于较高耦合关联状态,耦合作用较强,如苏州、镇江、宁波、衢州、湖州、宿州等;第三种类型是高关联,仅包括徐州和连云港两个地区(约占4.88%),说明这两个地区养老服务资源与老年人口的耦合作用极强。可见,长三角地区有一半以上市域的养老服务资源与老年人口的耦合关系属于较高关联,其次是中等关联,极少地区处于高关联。

表4.2 长三角养老服务资源与老年人口耦合关系综合评价

| 耦合关系类型 | 数量(个) | 地区(市域) | 占比 |
|---|---|---|---|
| 中等耦合关联 | 16 | 南通、泰州、盐城、扬州、杭州、南京、六安、宣城、舟山、合肥、温州、黄山、安庆、池州等 | 39.02% |
| 较高耦合关联 | 23 | 衢州、绍兴、镇江、湖州、宿州、滁州、淮南、宁波、苏州、台州、铜陵、芜湖、淮安、淮北等 | 56.10% |
| 高耦合关联 | 2 | 徐州、连云港 | 4.88% |

　　然而将医疗服务资源、养老保障资源、经济保障资源等养老服务资源作为整体进行的综合评价,只能说明各项养老服务资源与老年人口的关联密切程度,无法深入分析每种养老服务资源与人口老龄化的匹配程度及两者耦合协调的具体情况。为深入研究,采用耦合协调模型,分别考察养老保障资源、生态环境服务资源、经济保障资源、医疗服务资源等养老服务资源与人口老龄化耦合的空间分布及其匹配关系和划分类型,具体公式如下(周建平 等,2021;李二玲、崔之珍,2018):

$$C = 2\sqrt{X * \frac{Y}{(X+Y)^2}} \qquad (24)$$

　　式中,$C$ 为人口老龄化与养老保障资源/生态环境服务资源或经济保障资源/医疗服务资源这些具体养老服务资源的耦合度,$C$ 值介于 0—1 之间。$C$ 越大,两者之间的共振耦合越好。$X$ 为人口老龄化水平,$Y$ 为养老保障资源/生态环境服务资源或经济保障资源/医疗服务资源这些具体养老服务资源的水平。

　　根据长三角养老服务资源与老龄化耦合的实际情况,利用 GIS 软件平台,采用自然断点法,将基于耦合协调模型计算的空间适配值划分为五个层次:严重错配(高度不耦合)、一般错配(不耦合)、勉强适配(低度耦合)、中级适配(中度耦合)、高度适配(高度耦合)以及超前发展。具体分析如下:

# 第二节　养老保障资源与老龄化的耦合度

　　长三角养老保障资源与老龄化以中高度耦合为主,但南通、泰州等地养老保障资源与老龄化高度不耦合,湖州、南京等地中度耦合,上海、常州等地高度耦合。

　　依据公式(24)计算长三角市域养老保障资源与人口老龄化的耦合度,采用自然断点法分析2020年长三角市域养老保障资源与人口老龄化耦合度的空间格局。由表4.3可以发现,长三角市域养老设施与老龄化的耦合度可以划分为五种类型:高度不耦合(严重错配)、不耦合(一般错配)、低度耦合(勉强适配)、中度耦合(中级适配)和高度耦合(高度适配)。具体而言,长三角地区共有8个地区(约占19.51%)养老保障资源与老龄化处于高度不耦合状态,如扬州、金华、泰州、南通、杭州等;有4个地区(约占9.76%)养老保障资源与老龄化处于不耦合状态,如合肥、宿州等;有7个地区(约占17.07%)养老保障资源与老龄化处于低度耦合状态,如芜湖、铜陵、宁波等;有11个地区(约占26.83%)养老保障资源与老龄化处于中度耦合状态,如南京、苏州、衢州、湖州等;有11个地区(约占26.83%)养老保障资源与老龄化处于高度耦合状态,如常州、无锡、上海、镇江、徐州等。可见,长三角地区养老保障资源与老龄化以中、高度耦合类型为主,南通、泰州等地养老保障资源与老龄化高度不耦合,湖州、南京等地养老保障资源与老龄化中度耦合,上海、常州等地养老保障资源与老龄化高度耦合。

表4.3　长三角市域养老保障资源与人口老龄化的耦合度

| 耦合关系类型 | 数量(个) | 地区 | 占比 |
|---|---|---|---|
| 高度不耦合<br>(严重错配) | 8 | 扬州、金华、泰州、南通、黄山、温州、杭州、舟山 | 19.51% |
| 不耦合<br>(一般错配) | 4 | 合肥、淮南、盐城、宿州 | 9.76% |
| 低度耦合<br>(勉强适配) | 7 | 芜湖、铜陵、亳州、池州、宣城、马鞍山、宁波 | 17.07% |
| 中度耦合<br>(中级适配) | 11 | 湖州、台州、南京、苏州、安庆、衢州、绍兴、淮北、滁州、六安、蚌埠 | 26.83% |
| 高度耦合<br>(高度适配) | 11 | 常州、无锡、宿迁、上海、嘉兴、镇江、阜阳、丽水、淮安、徐州、连云港 | 26.83% |

# 第三节　生态环境服务资源与老龄化的耦合度

　　长三角地区生态环境服务资源与老龄化以高度耦合类型为主,但南通、泰州、金华、杭州等地高度不耦合,湖州、南京等地低度耦合,苏州、上海、常州等地高度耦合。

　　依据公式(24)计算长三角市域生态环境服务资源与人口老龄化的耦合度采用自然断点法,分析2020年长三角市域生态环境服务资源与人口老龄化耦合度的空间格局。由表4.4可以发现,长三角市域绿地与老龄化的耦合度可以划分为五种类型:高度不耦合(严重错配)、不耦合(一般错配)、低度耦合(勉强适配)、中度耦合(中级适配)和高度耦合(高度适配)。具体而言,长三角地区共有8个地区(约占19.51%)生态环境服务资源与老龄化处于高度不耦合状态,如金华、泰州、南通、杭州等;有8个地区(约占19.51%)生态环境服务资源与老龄化处于不耦合状态,如衢州、安庆、扬州、阜阳等;有9个地区(约占21.95%)生态环境服务资源与老龄化处于低度耦合状态,如合肥、南京、绍兴、湖州等;有4个地区(约占9.76%)生态环境服务资源与老龄化处于中度耦合状态,如镇江、马鞍山、徐州等;有12个地区(约占29.27%)生态环境服务资源与老龄化处于高度耦合状态,如苏州、舟山、常州、无锡、上海等。可见,长三角地区生态环境服务资源与老龄化以高度耦合类型为主,但南通、泰州、金华、杭州等地生态环境服务资源与老龄化高度不耦合,湖州、南京等地生态环境服务资源与老龄化低度耦合,苏州、上海、常州等地生态环境服务资源与老龄化高度耦合。

表4.4　长三角市域生态环境服务资源与人口老龄化的耦合度

| 耦合关系类型 | 数量（个） | 地区 | 占比 |
|---|---|---|---|
| 高度不耦合<br>（严重错配） | 8 | 金华、宿州、丽水、六安、杭州、泰州、南通、盐城 | 19.51% |
| 不耦合<br>（一般错配） | 8 | 衢州、安庆、扬州、池州、亳州、宣城、阜阳、滁州 | 19.51% |
| 低度耦合<br>（勉强适配） | 9 | 温州、合肥、南京、台州、淮南、绍兴、嘉兴、湖州、淮安 | 21.95% |
| 中度耦合<br>（中级适配） | 4 | 芜湖、镇江、马鞍山、徐州 | 9.76% |
| 高度耦合<br>（高度适配） | 12 | 蚌埠、舟山、苏州、常州、连云港、宁波、铜陵、无锡、黄山、淮北、上海、宿州 | 29.27% |

# 第四节　经济保障资源与老龄化的耦合度

　　长三角地区经济保障资源与老龄化以中度耦合为主,分布在无锡、湖州、扬州、镇江等地,杭州市等高度不耦合,上海、南京、南通、泰州等地低度耦合,常州、徐州、蚌埠等地经济保障资源与老龄化高度耦合。

　　依据公式(24)计算长三角市域经济保障资源与人口老龄化的耦合度,采用自然断点法分析2020年长三角市域经济保障资源与人口老龄化耦合度的空间格局。由表4.5可以发现,长三角市域经济保障资源与老龄化的耦合度可以划分为五种类型:高度不耦合(严重错配)、不耦合(一般错配)、低度耦合(勉强适配)、中度耦合(中级适配)和高度耦合(高度适配)。具体而言,长三角地区共有 4 个地区(约占 9.76%)经济保障资源与老龄化处于高度不耦合状态,如金华、杭州、温州等;有 6 个地区(约占 14.63%)经济保障资源与老龄化处于不耦合状态,如宿州、合肥、苏州、宁波等;有 10 个地区(约占 24.39%)经济保障资源与老龄化处于低度耦合状态,如盐城、南京、安庆、上海、南通、泰州等;有 12 个地区(约占 29.27%)经济保障资源与老龄化处于中度耦合状态,如嘉兴、无锡、湖州、舟山、扬州、镇江等;有 9 个地区(约占 21.95%)经济保障资源与老龄化处于高度耦合状态,如常州、芜湖、衢州、徐州、蚌埠等。可见,长三角地区经济保障资源与老龄化以中度耦合为主,分布在无锡、湖州、扬州、镇江等地,杭州等经济保障资源与老龄化高度不耦合,上海、南京、南通、泰州等地经济保障资源与老龄化低度耦合,常州、徐州、蚌埠等地经济保障资源与老龄化高度耦合。

表 4.5　长三角市域经济保障资源与人口老龄化的耦合度

| 耦合关系类型 | 数量(个) | 地区 | 占比 |
|---|---|---|---|
| 高度不耦合<br>(严重错配) | 4 | 金华、阜阳、杭州、温州 | 9.76% |
| 不耦合<br>(一般错配) | 6 | 宿州、亳州、合肥、苏州、宁波、六安 | 14.63% |
| 低度耦合<br>(勉强适配) | 10 | 盐城、池州、滁州、台州、南京、安庆、黄山、南通、上海、泰州 | 24.39% |
| 中度耦合<br>(中级适配) | 12 | 嘉兴、淮北、湖州、无锡、淮安、绍兴、铜陵、淮南、舟山、扬州、镇江、宣城 | 29.27% |
| 高度耦合<br>(高度适配) | 9 | 常州、芜湖、丽水、马鞍山、宿迁、衢州、徐州、连云港、蚌埠 | 21.95% |

# 第五节　医疗服务资源与老龄化的耦合度

长三角地区医疗服务资源与老龄化以高度耦合为主,如上海、湖州、嘉兴等地,但金华、六安、杭州等地医疗服务资源与老龄化高度不耦合,南通、泰州等地医疗服务资源与老龄化不耦合,苏州等地低度耦合,黄山市、舟山市等地医疗服务资源与老龄化中度耦合。

依据公式(24)计算长三角市域医疗服务资源与人口老龄化的耦合度,采用自然断点法分析 2020 年长三角市域医疗服务资源与人口老龄化耦合度的空间格局。由表4.6可以发现,长三角市域医疗服务资源与老龄化的耦合度可以划分为五种类型:高度不耦合(严重错配)、不耦合(一般错配)、低度耦合(勉强适配)、中度耦合(中级适配)以及高度耦合(高度适配)。具体而言,长三角地区共有 3 个地区(约占 7.32%)医疗服务资源与老龄化处于高度不耦合状态,包括金华、六安、杭州;有 7 个地区(约占 17.07%)医疗服务资源与老龄化处于不耦合状态,如合肥、南通、泰州、镇江等;有 6 个地区(约占 14.63%)医疗服务资源与老龄化处于低度耦合状态,如苏州、南京、宁波等;有 10 个地区(约占 24.39%)医疗服务资源与老龄化处于中度耦合状态,如黄山、无锡、宿州、舟山等;有 15 个地区(约占 36.59%)医疗服务资源与老龄化处于高度耦合状态,如上海、常州、湖州、嘉兴、衢州等。可见,长三角地区医疗服务资源与老龄化以高度耦合为主,如上海、湖州、嘉兴等地,但金华、六安、杭州的医疗服务资源与老龄化高度不耦合,南通、泰州等地医疗服务资源与老龄化不耦合,苏州等地低度耦合,黄山、舟山等地医疗服务资源与老龄化中度耦合。

表 4.6　长三角市域医疗服务资源与人口老龄化的耦合度

| 耦合度 | 数量(个) | 地区 | 占比 |
|---|---|---|---|
| 高度不耦合<br>（严重错配） | 3 | 金华、六安、杭州 | 7.32% |
| 不耦合<br>（一般错配） | 7 | 温州、扬州、合肥、南通、泰州、镇江、盐城 | 17.07% |
| 低度耦合<br>（勉强适配） | 6 | 苏州、马鞍山、宁波、宿迁、淮北、南京 | 14.63% |
| 中度耦合<br>（中级适配） | 10 | 宣城、安庆、宿州、绍兴、黄山、滁州、蚌埠、淮安、无锡、舟山 | 24.39% |
| 高度耦合<br>（高度适配） | 15 | 衢州、池州、阜阳、台州、嘉兴、淮南、铜陵、徐州、丽水、芜湖、亳州、连云港、上海、常州、湖州 | 36.59% |

# 第五章　一体化进程中长三角养老服务资源配置优化与合作发展建议

对于老年人来说,养老面临的最大矛盾是资源供需的极度不平衡。政府与社会提供的养老服务资源存在配置不均衡、利用率不高、功能发挥不全、结构不太合理等诸多问题,该理论对于长三角地区养老服务资源空间配置优化具有科学指导作用。

基于前面的分析,由于长三角地区中的上海市人口集聚和老龄化均很严重,已经或正面临集聚临界点,亟需出台相关政策和规划来改变人们的预期,在一体化进程中对长三角养老服务资源进行优化配置,以破解区位的路径依赖,提出如下养老服务资源配置策略。

## 第一节

### 加强长三角区域养老服务资源优化配置的顶层设计

2018 年 11 月,习近平总书记提出长江三角洲区域一体化发展上升为国家战略。随后,三省一市共同努力积极推进长三角养老服务一体化发展并初见成效:2018 年四地在上海签署《长三角区域养老合作与发展·上海共识》,2019 年在合肥签署《深化长三角区域养老合作与发展·合肥备忘录》,首次发布《长三角养老政策汇编》,为政府决策和行业发展提供参考。首次发布的《长三角养老服务发展报告(2019 年版)》呈现区域老年人口最新数据和养老设施等情况。同时,为民政部、国家发改委提供了《长三角区域一体化养老服务发展专题研究报告》,为国家层面推动长三角养老服务一体化发展献言献策。2020 年 12 月《上海市养老服务条例》表决通过,其中"总则""服务协调发展""养老产业促进"三个章节中均明确了长三角养老服务一体化发展要求,为区域养老合作提供了法治保障,将进一步推动养老服务一体化高质量加速发展。长三角三省一市还签署了长三角区域养老一体化服务协作备忘录,加强三地养老服务资源共享和项目共建,持续推进区域养老服务政策通关,使养老设施、从业人员资格认定、老年人照护需求评估标准等进一步互通互认,并积极引入结对城市的养老产业资源,加速城市间生产要素流通、养老产业联动,为老年人提供异地养老、旅居养老等特色服务。推动长三角"41 城"签约,形成联动发展新态势,截至 2020 年底,上海已有浦东、静安、长宁、普陀、松江、青浦等 13 个区与三省苏州、南通、嘉兴、湖州、芜湖、池州等 27 个市(区县)签署了区域养老服务协作备忘录,在文化旅游同城待遇、智慧养老产业协同、养老服务相关标准共享、养老服务经验交流等多个方面为长三角区域 41 城全面合作发挥了示范引领作用,打开了共建共享的新局面。

本研究在上述长三角服务一体化已有发展结果的基础上,运用供需平衡理论、福利多元主义理论、公平与效率理论、耦合协调发展理论以及区域一体化理论,借鉴国内外跨区域养老服务合作的经验,在长三角一体化战略进程中,加强长三角地区养老服务合作与资源优化配置的顶层设计。

## 一、完善养老服务资源优化配置制度

建立健全法律制度,包括构建养老生活资源保障制度、医疗服务资源保障制度等。建立健全养老服务资源配置的法律制度,不仅可以使养老保障制度的各项工作有法可依,增强养老保障的规范性和统一性,还可以解决养老服务资源配置中主体责任不明确、使用操作不规范、资金基金不安全等问题,保持养老政府配置的稳定性,增强老年人养老的信心和社会福祉的作用。2017 年国务院颁布的《"十三五"卫生与健康规划》明确到 2020 年,覆盖城乡居民基本医疗卫生制度基本建立,此外,《全国医疗卫生服务体系规划纲要(2015—2020 年)》重点强调推进"医养结合"与"中西并重"等,意味着中国未来将致力于医疗机构与养老机构的合作,统筹医疗服务与养老服务资源,这对于养老事业而言意义重大,但关于老年人的医疗保障制度尚未建立起来,医疗保险制度尚未立法。因此,可借鉴美国《老年人福利法》、德国养老医疗保障政策建立适合老年人特点的护理保险制度和强制性全民医疗保险等。完善社会保障制度,推进老年人延迟/弹性退休养老保险制度与医疗保险制度改革。增强配套政策支持体系,增加公园绿地覆盖率,大力发展医养机构。长三角三省一市共同努力,建立长三角养老服务一体化工作机制,同时,还需制定养老服务业一体化发展规划,确定目标和分工。

**二、养老服务资源优化配置的组织保障**

政府主导、多方参与。首先,政府主导,发挥协调作用。政府主导主要应体现在政府要负担养老服务资源的供给,保障社会大众老年人的生产生活权利,以及组织协调作用和监管作用。

其次,市场调节,发挥效益作用。在老龄化严峻的背景下,养老保障的诸多领域,如养老地产、老年用品、商业保险市场和一些社会福利项目等,均可以调动市场力量,使其参与进来,带动老年产业的发展,成为新的经济增长点。

最后,社会参与,发挥补充作用。充分重视并调动社会组织(如慈善机构、老年人活动团体、社会志愿者团体、医疗机构、社区及新闻媒体等)的积极性,鼓励其投入到养老服务事业中,成为养老人力资源的一部分,既可以缓解政府养老压力,又可以针对老年人多样化的需求,提供多元性服务,从而提高公共服务的供给效率。

**三、养老服务资源优化配置的人员保障**

首先,建立合理的人才培养机制。改革现行的高校人才教育体系,例如增设老年服务业相关专业课程,增强老年医学、康复、护理、营养、心理及社会工作等专业人才的培养,扩大培养规模与素质。建立定向培养与在职继续教育培育机构。推行养老护理员职业标准资格认证制度。

其次,发挥有效的人才激励机制。制定优惠政策,向欠发达地区倾斜,营造养护人力资源配置良好的公平公正环境。增加财政投入,建立完善的经费保障机制,对欠发达地区、老年人口集聚区、服务人员严重不足地区实行倾斜政策,加大对这些区域转移支付力度,辅助这些地区解决养老机构基础设施建设等资金严重不足问题。

最后,完善专业的人才管理机制。主要可在战略管理、绩效管理、薪酬管理等方面进行人才管理机制的完善,同时,需改变认为养老服务与管理就是"伺候人"的传统观念,大力宣传或出品关于"孝道文化、服务"等方面的文化产品、影视作品等,让养老服务工作人员对养老服务产生认同感、责任感、价值感和使命感,吸引更多学生报考养护专业,从而降低这一领域一线养护人员的流失率。

## 第二节 长三角一体化战略下养老服务资源配置优化路径

### 一、基于老年人本地养老的养老服务资源优化配置路径

(一)针对老年人本地养老,加强养老服务合作、调节养老服务资源在空间上的配置

借鉴国内外跨区域养老服务合作的经验,在长三角一体化战略进程中,加强长三角地区养老服务合作与资源优化配置的顶层设计,整合推进三省一市养老服务资源,优化养老服务资源配置的空间布局,探索长三角养老服务合作的主要模式,提出加强长三角空间联动和养老服务一体化发展的政策建议。

在老年人口空间分布不改变的情况下(老年人当地养老),利用养老服务资

源存量,通过有效政策,实现养老服务资源优化配置,实现养老供需平衡。

对于老年人口与养老服务资源不匹配的地区,应根据老年人口的实际需求与空间集聚特征,合理调整养老服务资源供给侧的方向,保持供需关系的耦合协调。对于各城市之间养老服务资源配置的差异问题,还应加强政府间合作,通过区域一体化来缩小区域经济发展水平的差距,进而通过公共财政来调解基本养老服务资源不均等问题。对于养老服务资源出现闲置和有效供给不足的问题,当地政府应该引入市场调解机制和竞争机制,减少行政干预和垄断。

适用于老龄化程度深、养老服务资源紧缺、两者空间配置严重错配又以本地养老为主要方式的地区,如南通、泰州等地养老保障资源、生态环境服务资源与老龄化均严重错配,医疗服务资源与老龄化一般错配,经济保障资源与老龄化勉强适配。主要因为在需求方面,南通与泰州处于重度老龄化阶段且属于老龄化热点地区,对养老服务资源的需求很大;然而在供给方面,南通、泰州等地除经济保障资源属于中等外,养老设施、公园绿地、医疗服务资源等供给均严重不足,需在养老服务资源配置时重点关注和倾斜。

(二)逐步实现长三角养老服务一体化相关标准的统一

长三角养老服务一体化存在很多问题,在相关的标准统一方面要先易后难逐步解决。

(1)探讨统一的人口老龄化和养老服务统计标准。由各自老龄部门和统计部门一起讨论相关的统计指标和统计口径。

(2)探索建立统一的长三角老年人口健康状况和护理需求评估标准。要在深入研究各地评估标准基础上,讨论形成长三角统一的老年人口健康状况和养老护理需求评估标准。在此基础上,各地可以根据各地的社会经济发展情况,制订不同的照料和护理政策。

(3)建立统一的长三角养老机构资质认定标准。在上面两个标准统一的基础上,可以进一步探索建立统一的养老机构评估标准。长三角统一的养老机构评估标准,可以为老年人异地选择养老机构提供参考,也有利于政府部门加强对养老机构的规范管理。养老机构资质标准应该包括：机构硬件条件、管理制度、管理和服务人员情况、服务内容和服务特色等方面。

（4）建立统一的长三角养老服务人员等级评估标准。养老服务人员是决定养老服务业发展的核心资源，长三角区域建立统一的养老服务人员评估标准，有利于养老服务人员的培养和使用，有利于形成统一的长三角养老服务业从业人员就业市场，有利于养老服务人员的跨地区使用，使区域内的养老服务人力资源能得到共享。

（三）建立长三角养老服务业信息提供和服务管理综合平台

创建养老服务一体化信息平台，是推进长三角养老服务业长远发展的基础性工作，可以在政府部门指导下，利用第三方力量搭建便捷的统一信息平台。这个信息平台要包括以下几个方面的信息：

（1）建立统一的人口老龄化信息收集标准和收集制度，定期发布长三角全区域的人口老龄化信息，发布季度和年度各地养老服务业整体发展情况信息，让社会各界了解养老服务业的最新进展情况。

（2）把长三角区域内的养老机构信息整合进一个平台，包括机构的软硬件条件、规模、人员、特色、收费标准、老年人入住情况、获得的荣誉或者处罚等方面的信息。

（3）长三角各类社会养老服务组织信息。实现长三角区域内开展养老服务的各类社会组织的信息公开，便于老年人和政府部门了解各类养老服务社会组织的情况，促进长护险和医养结合发展。

（4）长三角各地区养老服务的政策法规信息。及时更新各地的养老服务政策法规，为推进长三角养老服务业一体化发展和社会各界了解各地养老政策提供参考。

（5）长三角老年人口养老服务需求信息。可以通过授权发布老年人口的养老服务需求信息，便于养老机构和老人之间的供需对接。

（6）养老服务监管信息。把各地对养老机构日常常规性监管和主题性监管的信息及时发布出来,便于加强对各类机构的监管,推进长三角统一的养老服务质量监控体系的建设。

(四)加快养老产业发展

一是加大社会参与养老产业的扶持力度。加大社会力量投资养老服务设施所需建设用地的支持。加大政府购买服务力度,支持社会力量参与生活照料、康复护理、精神慰藉等养老服务工作。鼓励养老服务机构规模化、连锁化发展,打造一批具有影响力和竞争力的养老服务商标品牌。二是促进老年产品的研发使用。扶持和引导企业与高校联合研发老年产品。加强和引导科技企业,通过线上传播(QQ、微信、网址等)和线下推广(培训座谈会、政策宣讲会等)等形式有机结合,尤其增强中小型科技企业研发和制造老年产品的意识和行为。

(五)提升智慧养老服务水平

在现有上海养老服务信息平台基础上,以智能终端和热线为纽带,整合各类养老服务资源,继续推进智慧养老服务平台建设,搭建集老年人信息、养老需求评估、养老服务信息、养老服务申请等于一体的综合服务平台,为建设全人群覆盖、全天候响应、全过程监管的智能化养老服务体系提供支撑。此外,重视推广智慧养老产品应用。政府可提供智慧养老产品的展示场地,支持社会力量提供智慧产品和相应服务的展示,开展安全防护、照护服务、健康防护、情感关爱等种类的应用场景的展示推广,让更多的市民、机构和部门了解并使用智慧养老产品。

## 二、基于老年人异地养老的养老服务资源配置与养老服务一体化发展

(一)引导老年人向养老服务资源丰富且老龄化程度较低的地区转移并进行异地养老

针对老年人口流动,创建养老服务优化体系与政策支撑制度,推进异地养老方式以适应养老服务资源时空分布差异,实现老年人口与养老服务资源的均衡发展。

适时引导中心城区老龄人向邻近或距离较近且养老服务资源相对充足的区

域转移,逐步改变人们就地养老的惯性思维和路径依赖。从上述分析可知,目前长三角三省一市中老龄化程度最高的上海市并不是拥有养老保障资源、医疗服务资源、生态环境服务资源等资源供给最多的地区,虽然经济保障资源相对最多但养老保障资源、医疗服务资源供给在整个长三角属于中等类型,经济保障资源与老龄化勉强适配。养老保障资源、生态环境服务资源、医疗服务资源与老龄化目前虽属于高度适配,但上海老年人口聚集度远高于其他地区,上海老年人养老需求远高于其他地区,且若不改变养老方式,则上海老年人对于养老服务资源的需求将伴随特大城市规模的发展而增高。因此,亟需改变人们就地养老的惯性思维,引导上海老年人向附近或距离较近且养老需求较小、养老服务资源相对充足的区域转移,例如向老龄化冷点地区养老需求相对较小的合肥、金华及苏州等转移。此外,湖州等地养老保障资源最多,但养老保障与老龄化属于中级适配,黄山、舟山、南京等地区的生态环境服务资源相对最多,杭州等地医疗服务资源最多,常州等地养老保障资源、经济保障资源、生态环境服务资源与老龄化高度适配。嘉兴市等医疗服务资源与老龄化高度适配,徐州市、蚌埠市等地经济保障资源与老龄化高度适配。无锡市、扬州市、镇江市等地经济保障资源与老龄化中级适配。因此,可以适当引导上海老年人到湖州、常州、苏州、合肥等上述养老需求较小且养老服务资源相对丰沛的地区进行异地养老,可以大大缓解上海市等地区养老服务资源不足的现状。

(二)建立多部门联动机制,推进长三角区域协作

建立部门联动机制根据养老设施规划的总体目标,按年进行任务分解,确立分阶段建设的目标,并纳入规划年度实施计划和年度土地供应计划,实施分阶段建设。市政府组织有关部门、区、县建立统一领导、密切合作、分工、合作、严格监督的联动工作机制,研究制定面向老年群体的服务设施配套政策,实施统筹协调的相关问题。发改、财政、人保、医保、税民政主管部门和民政部门联合研究确定了各类养老服务的扶持政策,提高了养老服务水平和保障水平。继续完善养老设施税费减免政策、经营补贴措施和水、电、电信优惠扶持措施的实施。将养老

机构合格的医疗机构纳入定点医疗保险的范围,解决养老机构老年人医疗困难的问题。

在三省一市的共同努力下,2020 年 10 月 22 日在上海发布了首批长三角异地养老机构名单,共有 20 个城市、57 家机构的 25698 张床位跨区域开放,所有机构的基本信息和服务信息均向公众公开,确保广大市民可查、可用、可选。异地养老机构名单将定期更新,为老年人提供更多异地养老选择。后续若要继续推广异地养老,则需要积极响应长三角一体化的国家战略要求,与江苏、浙江、安徽联合推动长三角区域养老服务在需求评估、支持政策、标准规范、人员资质、数据信息等方面的衔接共享。

一体化为破解异地养老难题提供诸多可行性条件,可通过多领域一体化协同发展从而推动长三角养老服务一体化发展。

(三)推进长三角异地医保服务一体化,加强医疗服务资源空间合理配置

推动长江三角洲区域一体化发展是国家战略,党的二十大报告中指出"推进健康中国建设。人民健康是民族昌盛和国家强盛的重要标志。把保障人民健康放在优先发展的战略位置,完善人民健康促进政策"。着力推进基本卫生公共医疗养老服务一体化建设是长三角区域一体化建设的重要举措,也是推进健康中国建设的应有之义。当前长三角地区医疗资源发展不平衡不充分问题仍然突出,推进长三角区域医疗一体化建设应构建跨区域医疗服务资源要素流动体系建设,加快落实异地跨省门诊直接结算,促进形成医疗一体化格局,弥补医疗服务资源匮乏地区的资源配置。

异地就医结算难、异地医保转接难这类问题归根结底是因为各地医保政策不统一、医保统筹管理力量有限。因此提高长三角医保服务一体化能力,需要统筹各地的医保报销目录、诊疗目录和服务设施项目范围,对于不一致的地方需要明确折算方法和报销比例。有效提高医疗保险基金的调度管理能力,方便患者在长三角地区异地就医。

建议继续扩大长三角异地医保直接结算的覆盖范围,统筹各地医保政策,提

高长三角区域医保一体化管理能力,建设长三角区域医保信息网络,形成各地医保信息共通共享的机制,由于尚未建立长三角全面互通的医疗和医保信息网络,导致就诊地和参保地医疗信息不对称,异地就医监管难度大,容易引发参保者异地就医时过度医疗的问题。因此,要优化结算模式,在条件允许的情况下推广类似"一卡通"的结算模式,或升级参保地与就医地的医疗和医保信息系统,提高两地系统信息互通的能力,降低信息不对称,加大监督力度,以规范异地就医行为,并做好与大病保险、医疗救助等工作的衔接。

加大长三角基层医疗机构的投入力度,完善分级诊疗制度。通过定点对口支援、人员培训、医联体统一管理等措施缩小不同等级医疗机构的差距,拉开基层医疗机构与二、三级医疗机构的价格差距,引导民众"小病小院,大病大院",有序就医,提高基层医疗服务资源利用效率,从而降低部分异地就医的需求。

开通异地120急救服务。各地卫健委和应急指挥中心要讨论解决跨地区急救医疗服务问题,建立长三角统一的120急救指挥和服务体系,建立医院急救绿色通道,让老年人能够享受到便捷高效高水平的化长三角跨地区医疗急救服务。

过去异地养老的效果不甚理想的一个重要原因,就是公共服务资源过度集中在中心城区或大城市,例如上海。对于健康状况日趋下降的老年人来说,医疗保健是影响老人晚年生活质量最重要的因素。因此,借助新一轮城市规划,在推进公共服务资源均等化过程中,把异地养老所需的医疗服务资源配置考虑进去。实行医疗机构的对口帮助。第一,3—5年内,在上海市周边建立诸如瑞金医院、华山医院等三甲医院的分支机构。第二,实行医疗人员的派出制度,迅速提高当地的医疗水平。如实行上海市区的医生的定点轮班、线上专家会诊等服务,以有效地满足老年人的照护需求。第三,大力推进远程医疗服务。

均衡配置优质的医疗卫生机构,破解老年人对上海市等大城市优质医疗服务资源的依赖。上述研究显示,由于医疗服务资源集中在杭州、上海等发达城市,尤其是上海市,这是老年人为了就医便利而不愿离开的一个重大原因。各地政府可根据《长江三角洲区域一体化发展规划纲要》,均衡配置医疗卫生机构,破解老年人对发达城市医疗服务资源的依赖,同时也增加市民就医的可达性和缓解了中心城市尤其是特大城市医疗服务资源紧张的局面。

(四)增强交通运输基础设施一体化建设

长三角地理区位优越,交通网络体系建设成熟,以上海为中心的交通辐射能力较强,但交通布局区域不均衡,长三角地区在推动养老服务一体化时应进一步实现交通运输一体化建设,为老年人异地流动、医疗服务资源和专业人才流通创造方便条件,消除跨区域流动中的障碍,不断推动老龄事业资源跨区域配置。

(五)推动养老服务机构连锁化一体化发展

推动长三角区域养老合作机制建设,加强三省一市养老服务资源共享,积极探索长三角区域养老一体化协调发展,构建长三角区域智慧养老平台,江浙沪皖三省一市政府应积极建设老年人信息资源共享机制,构建统一的养老服务标准及政策,加快长三角区域养老服务法制化建设,引导公平开放有序的竞争市场,在优质的市场环境下引入社会力量积极统筹规划养老产业,推动养老服务机构品牌化、连锁化、规模化、一体化建设,为老年人选择异地养老提供服务。

探索长三角区域养老服务人才培养,提高养老服务人才待遇。党的二十大报告中指出"完善人才战略布局,坚持各方面人才一起抓,建设规模宏大、结构合理、素质优良的人才队伍。加快建设世界重要人才中心和创新高地,促进人才区域合理布局和协调发展,着力形成人才国际竞争的比较优势"。要在长三角区域内培养专业化市场化的养老服务人才,建设养老服务人才培训基地,支持高校养老服务人才培养交流,推动区域内人才流动,同时提高人才待遇,做到留得住人,实现养老服务人才在长三角区域内的均质化发展。

(六)搭建信息一体化平台,促进养老服务资源共享,实现供需双方有效对接

在长三角区域内搭建信息资源共享平台,促进养老服务资源共享,完善供需双方信息的衔接,实现供需双方有效对接。首先,建设老年人口基础信息平台,将长三角区域内老年人口的基本情况、健康状况、经济状况以及养老服务的需求统一收集,在区域内共享。其次,实现养老服务人员信息共享,充分发挥养老服

务人员的优势,促进养老服务人员区域内的合理配置。最后,完善养老机构信息情况介绍,以供老年人和养老服务人员的多样化选择。最终实现养老机构、老年人、养老服务人员的供需对接,促成养老服务市场供需平衡。

此外,依托上海市养老服务平台,开通长三角频道;建立区域养老信息发布和行业管理的统一门户,尝试养老机构一网通办备案管理,让"数据多跑路,个人和企业少跑路";积极利用养老服务数据,开发转化成公共服务产品,为市民和企业研究机构提供各类信息资讯和养老指南,尝试搭建长三角智慧养老平台信息化框架。

(七)"沪—昆"一体化养老合作模式试点推进

上海和昆山在应对人口老龄化的挑战中各具优势,同时也各有局限。上海的经济实力、政策优惠和人才资源为实现双方一体化养老提供了经济基础和制度保障,昆山的区位、生态、人文、交通等叠加优势为发展康养产业创造了良好条件。下一步,双方可优势互补、资源共享,共同促进在康养产业和养老服务行业的深度合作,为长三角更高质量的一体化发展注入新动力。

"沪—昆"一体化养老可以以两种方式试点推进。一是以昆山康养小镇建设为依托,以两地政府和主要企业为主导,选取一到两个项目作为突破口,不断总结经验,逐步完善合作模式。二是通过政府提供政策资源和配套服务设施,规范和发展民间自发的异地养老,以完全市场化的方式推进。类似地,长三角地区未来以"沪—昆"一体化养老模式为基础,与科研院校进行政产学研的合作,逐步探索其他城市之间的异地养老模式,盘活地区资源,切实满足长三角地区老年人的健康养生、养老服务、休闲娱乐等多元化的需求,并最终实现满足双方政府、当地居民、老年人利益诉求的"四赢"局面,并通过发展一体化养老模式,总结形成长三角高质量一体化发展的社会治理模式和经验。

# 第六章
# 长三角地区积极应对人口老龄化的策略

## 第一节 长三角地区不同尺度
## 人口老龄化的应对策略

### 一、长三角区域尺度上加快推进"一体化"老龄治理模式

发挥政府主导作用,推动区域一体化联动合作。长三角地区老龄化存在时空分布不平衡的状况,通过长三角一体化发展的深入,应充分发挥政府在应对人口老龄化中的主导作用,打破行业壁垒、行政壁垒,加强区域互济联动,从"碎片化"治理转向"一体化"老龄治理模式。扩大上海经济辐射带动作用,促进交通一体化发展,为应对人口老龄化积累物质基础,推动候鸟式、旅居式等异地养老模式,可以在安徽等老龄化程度和资源成本均较低的地区优先发展养老产业,不仅可以缓解上海等老龄化程度较高的地区的老年人口压力,还可以为未来老龄化趋势做充足准备。

完善长三角一体化养老保障制度顶层设计,提高养老服务质量。为积极应对人口老龄化,政府应建立健全社会保障体系,包括养老保险、医疗保险等,进一

步研究、改革和实施长护制度,为需要长期护理的老年人提供更好的服务,为老年人提供基本的生活保障,鼓励老年人参与社会活动,完善养老保障制度的顶层设计,保障未来老年人老有所养,老有所为。全面提升养老服务质量,满足老年人多层次、多样化需求,建立健全养老服务的评价反馈机制。这个机制由政府、社区、老年人及其家庭共同参与,对养老服务的质量进行评价,并根据评价结果对养老服务进行优化和改进。设立健康档案管理中心,为老年人提供定期的健康检查和评估,记录并跟踪他们的健康状况,打破长三角地区老年人异地流动过程中的信息壁垒。进行养老服务的普及教育、培训养老服务人员,让老年人了解、信任、尝试体验创新服务,让工作人员提升职业素质和服务技能。

落实人口政策,优化人口结构。长三角地区应积极响应生育政策,健全生育支持体系,提高生育率,间接改善人口老龄化,提高劳动力供应。积极改善女性就业环境,吸引大量外来移民等措施丰富劳动力资源。除此之外,积极推动其参与社会生产和生活,发挥其在社区服务、家庭教育、文化传承等方面的作用,充分利用老年人力资源。

着力建设全龄全域全周期友好型宜居环境。改善城市规划和设计,使其更加适应老年人的需求。如在公共空间设置更多的休息区,提供更好的无障碍设施,提高公共交通的便利性等。同时可以通过提供各种服务和活动,创建友好、包容和充满活力的社区环境,让老年人能够参与到社区生活中,感受到被尊重和被关爱的气氛。

## 二、长三角省域人口老龄化应对策略

长三角各省域之间出生率和人口流动存在空间差异,安徽省出生率较高,人口流出较多。应积极保障生育支持措施的落实,加强产业调整和基础设施的建设,引导人口回流,增加劳动力供给,为未来人口老龄化趋势的发展做好准备。上海市与安徽省相反,出生率较低,人口流入较多。应积极推进生育政策和生育支持保障的落实,提质老龄产业,培育养老服务人才,适时推进延迟退休政策。江苏省和浙江省应提升人才引进力度和人口出生率,提高人才在流入人口中的比重,持续劳动力供给。

安徽省相对于江浙沪地区,经济发展水平较低,同时人口老龄化程度也较低,加快推进老龄产业的发展,将养老产业融入长三角一体化,吸纳江浙沪老年人口,建立多层次的老年人服务体系,引进专业技术人员,承接江浙沪养老服务产业。江浙沪三省应利用其辐射带动作用,发挥教育、医疗资源、经济发展的优势,向安徽省提供教育、医疗、财政等资源,有效缓解人口老龄化引发的社会问题。

### 三、长三角市域人口老龄化应对策略

发展经济、加大人才引进力度以均衡老龄化空间差异,优先满足热点地区的养老需求。提高经济发展水平、出台完善人才引进政策有利于缩小人口流入与流出之间的分化,以达到均衡人口老龄化空间差异的目的。优化养老服务体系,依据老年人口集聚度改善老年人口公共服务设施配置,如上海、无锡、南京、泰州等中密度区、高密度区、极高密度区,应提供多样化养老服务,以满足其养老需求,实现资源的合理化配置。

不同城市的人口结构存在差异,应采取不同的对策应对人口老龄化。南通等苏中地区的人口老龄化主要成因是生育率低,皖北地区的城市生育率高但年轻人口流出较多,对经济社会发展的影响不同。生育率高但人口流出规模大的城市,儿童抚养比和老年抚养比均较高,家庭养老抚育压力大,优先发展社区、机构等养老方式缓解家庭养老压力。

推进城市更新,提高人居环境品质。既要因地制宜改造老旧街区和城中村、强化城市绿化和公共卫生建设、完善污染排放处理制度,又要开展绿色生活创建行动,倡导绿色出行和绿色家庭、绿色社区建设,构建生态宜居老年友好城市。

### 四、长三角应对人口老龄化县域策略

在长三角地区推进以县域为主体的新型城镇化建设,引导人口均衡合理流动,加强生育支持和保障,延缓老龄化进程。加强医疗保障,提高老年人的医疗保健水平,推进紧密型县域医疗共同体建设,从"以治疗为中心"转向"以健康管

理为中心"。同时,可以积极探索分级诊疗、远程医疗等新型医疗卫生服务模式,为老年人提供更加便捷、高效的服务,根据老年人实际健康状况,提供保健、医疗等综合性的服务。在老龄化程度较高的县域,将医疗资源优先覆盖失能失智老人,满足失能失智老年人护理需求。

采取小规模、多功能、多样化的社区和居家养老服务。积极鼓励、支持企业和社会主体参与老年事业,优化局部养老发展环境。完善县域养老金调整机制,注重基本养老保险与其他社会保障制度的衔接,充分发挥社会保障制度的二次分配功能,进一步扩大社会保障的覆盖面,确保老年人老有所养,共享经济发展成果。同时发动经济外溢效应,以点带面,为南北老龄化程度较低的地区提供养老服务准备。

### 五、长三角城、镇、乡人口老龄化应对策略

加快经济发展,推动乡村振兴战略,为长三角西北部应对人口老龄化积累物质基础,加强长三角东部对乡镇的经济辐射作用。以城带镇,以镇带乡推动经济发展。加强镇区建设,优化城乡布局,使镇区成为城市和农村的重要纽带。优化土地使用制度,保障农村老人在城镇化进程中的权益,促进土地的合理利用。加大对农村地区的扶持力度,促进农村养老服务体系的发展和农村社会保障改革。加强农村基础设施建设,建立农村养老服务社区,集中养老资源,提高服务质量并降低成本。激发农村养老服务市场活力,鼓励社会资本进入农村养老服务业,提供多元化服务。同时,鼓励年轻人回到农村参与养老服务工作,推广农村养老服务模式创新,根据农村特点发展家庭养老、社区养老和乡村旅游养老等模式,吸引年轻人口迁入乡镇。推动城市、镇区和乡村的协调发展,形成功能完善的城镇化空间格局,以应对老龄化挑战。

提高教育水平,推动人口高质量发展。要确保义务教育年限,阜阳、亳州等地平均受教育年限在长三角各市中处于落后地位,尚未达到 9 年的义务教育,上海、苏州等地平均受教育年限则接近 12 年。要积极开展义务教育和推动高中教育实现人口规模的现代化,满足城、镇、乡的需求,保证均拥有发展教育的场所和

机会。

完善养老和医疗保障服务,尤其以乡镇为重点。长三角地区各市之间发展水平参差不齐,长三角东部的经济发展较快于其他地区,城、镇、乡之间的发展水平也不平衡,尤其在黄山、铜陵等地的医疗床位数较少,对老年人口的预期寿命有影响。要针对不同地区设定不同的养老医疗保障,以乡、镇为重点,增加医疗卫生床位数和技术人员,提升医疗卫生水平。

保护生态环境,优化老年人口生活环境。目前空气质量、绿化环境对老年人吸引力不足,长三角西北部的经济发展水平较低,老年人的物质条件尚未满足。因此在新型城镇化背景下,以老年人口的生活条件需求为导向,一方面加强基础设施的建设,满足物质条件;另一方面加强生态保护,减少对乡镇的粗犷开发,为老年人口建设绿色生活环境。

# 第二节　加快推进上海老年人在长三角区域内异地养老

## 一、上海市老年人异地养老面临的障碍

### (一)行政区划分割严重,阻碍上海老年人流动

首先,长三角区域医保政策衔接不足,缺乏统一标准,老年人异地操作困难。

医疗问题一直是老年人关注的重要问题,能否异地医疗结算严重影响着老年人异地流动的意愿。目前长三角区域医保政策衔接仍有不足,一方面各行政区社会保障制度缺乏统一标准,异地支取存在缺乏具体操作标准的障碍,在养老一体化的背景下手续和程序仍然复杂;另一方面长三角区域各行政区内医保制度存在差异化,各地区在报销范围、缴费比例等方面存在差异,让老年人操作起来困难,阻碍了老年人流动,因此亟需在长三角区域内优化异地结算平台,构建

统一的社会保障制度标准。

其次,医疗服务资源分配不均衡,信息资源共享存在壁垒。

长三角区域内的医疗服务资源分配不均衡,未能实现优质医疗服务资源在长三角区域内的扩容延伸和均衡布局。上海老年人对长三角区域内异地养老缺乏意愿的主要原因之一是不想放弃上海地区的优质医疗服务资源。上海的优质医疗服务资源没能下沉到长三角其他区域,未能实现优质医疗服务资源在长三角范围内的辐射和扩容,医疗服务资源分配不均衡是阻碍上海老年人异地流动的主要因素,因此亟需在长三角区域内实现医疗服务资源的均衡布局。

最后,长三角区域内信息资源管理平台尚未完善互通,仍存在壁垒。

区域内老年人口的居民电子健康档案、电子病历等信息无法共享,信息闭塞不利于老年人和异地目的地的双向选择,不仅会让老年人缺乏与理想地区养老机构的交流,也让异地养老机构对老年人状况缺乏科学评估,从而导致服务不配套或闲置等问题,阻碍老年人的异地流动,因此亟需建立长三角区域养老服务数据管理平台,推动供需资源有效对接。

(二)市场上养老产品同质化严重,缺乏专业养老服务人才

老年人不同年龄段、不同身体状况、不同经济条件等方面存在差异性,对养老服务需求也具有多样性,上海老年人偏向的异地养老类型是养生休闲和疗养度假型,但长三角区域内的养老模式同质化明显,采用机构养老、居家养老等形式,异质化养老模式的缺乏阻碍了上海老年人异地流动,亟需在长三角区域内挖掘特色资源优势,建立各地独特的养老模式,实现资源互通互补,吸引和促进老年人口的流动。

长三角区域内养老服务人才专业性不强、水平不高且数量较少,区域间养老服务水平差异悬殊,主要原因在于各省市对养老服务人才培养不足且工资待遇较差,对年轻养老服务人才的吸引力匮乏,对老年人的异地流动产生阻力,亟需在长三角区域内推进养老服务市场化改革,加强养老机构的良性竞争,积极培养养老服务人才,提高长三角区域养老服务水平。

（三）老年人心理观念和身体机能特殊性阻碍老年人流动

一方面"落地归根""故土难离"的传统观念是制约着老年人异地流动的重要心理障碍，虽然异地养老能够给老年人新的舒适环境，但是也意味着老年人要离开熟悉环境，去到一个陌生环境，远离熟人网络，这种抗拒心理阻碍着老年人的异地流动；另一方面，上海老年人口高龄化与纯老化趋势交织，失能半失能老年人身体机能下降，自理能力减弱，往返交通成本增加，机构服务费、生病就医等日常开销进一步提高。异地流动的思想障碍与身体机能下降带来的额外的成本两方面因素叠加，阻碍了老年人跨省市流动。长三角区域应亟需加强异地流动的宣传，打破思想的束缚，同时推动一体化建设，降低流动成本。

## 二、健全异地养老法律法规体系，转变传统养老思想

（一）健全以上海为核心的异地养老法律体系

上海作为长三角区域内的龙头城市应积极加快老年人异地养老的相关法律制度研究，带领长三角区域内各省市健全法律法规体系，明确落实迁出地和迁入地的主体责任，避免出现无人问津的问题，消除异地养老中老年人和子女的顾虑。

异地养老是一种新型的养老模式，上海老年人选择异地养老可以提升老年人的生活品质，缓解养老压力，优化上海市人口结构，上海老年人异地养老主要选择的地点为长三角区域，需要系统合理规划长三角地区异地养老一体化建设。政府可以针对流动老人提供专门的部门解决老年人异地养老的难题，完善制度保障，确保提供均等化又有针对性的公共服务。

（二）加大宣传力度，转变传统养老思想

通过加大宣传教育使异地养老的观念深入人心。上海作为长三角区域的核心城市，且是人口老龄化较为严重的城市之一，应积极采取各种手段和渠道加大宣传异地养老模式，宣传长三角区域内的异地养老政策，让长三角区域内的老年人转变传统"故土难离""养儿防老"的传统观念，让老年人和子女有意愿去参与异地养老。一方面让老年人接纳陌生的环境，帮助老年人重新建立熟悉的社交

网络,提高其生存环境和生活质量;另一方面缓解子女的代际压力,让子女没有照顾老人的后顾之忧。同时各省市政府应转变思想,平等对待每一位前来养老的老年人,不应以户籍为借口限制外来人口。

(三)积极推动养生休闲、疗养度假型及落叶归根型养老模式发展

长三角区域内除上海外的其他地区成为上海老年人的新选择,具有较大的优势和潜力。推动养生休闲、疗养度假型养老产业发展,通过轻松美好的养老环境、高度的文化认同、深深的思乡情感、熟悉适应的气候条件等吸引老人到上海周边地区乃至长三角区域内其他地区进行异地养老。长三角地区经济与人文资源相融合,长三角区域人文资源相互认同,对老年人融入社会发挥重要作用,经济各有特色,可以实现经济的融合发展,为形成一体化不断注入活力,长三角区域经济与人文资源的相互融合,互通互补能够推进长三角城市群内部协同发展养老产业,推动养老要素在市场上的流通,为上海老年人异地养老奠定坚实的基础。交通条件、地理位置等优势,有利于老年人进行异地养老。长三角区域地理区位相近,上海老年人对异地养老的气候环境相适应,满足养老休闲以及疗养型老年人的养老服务需求。

# 第三节　帮助老年人跨越"数字鸿沟",提高互联网利用率

## 一、帮助老年人跨越"数字鸿沟"的重要性

(一)适应数字化时代技术发展和社会生活的必然要求

在现代信息技术高速发展的情况下,智能数字化对社会的生活方式产生了深刻的影响和改变。老年群体受生理机能、认知能力、新技术接受、数字接入和

信息素养等因素的制约,智能产品与服务定位普遍趋向年轻化,使得老年人与年轻群体之间形成了"数字鸿沟",出现老年数字融入困难(杜鹏、韩文婷,2021)。

随着我国使用互联网的人数规模的不断扩大,电子信息技术正在渗透社会生活的各个方面。2022年8月发布的第50次《中国互联网发展状况统计报告》显示,截至2022年6月,我国网民规模达到10.51亿人,互联网普及率达74.4%。其中,60岁及以上老年群体是非网民的主要载体,占非网民总体的比例为41.6%,较全国60岁及以上人口比例高出22.5%。因此,帮助老年人跨越"数字鸿沟"是促进老年人融入数字化时代生活的必然要求,是实现老年人生存与发展的重要保障。同时,提高互联网利用率有利于增加老年人生活质量,缩短数字代沟,促进老年社会融入和参与。

(二)增进老年人数字红利享受和生活幸福感

老年群体面对"数字鸿沟"的困境,无法享受数字化时代发展带来的简便与快捷。对于处于数字贫困状态的老年人,帮助他们跨越"数字鸿沟"提高互联网利用率,对老年人提高生活质量和丰富精神生活具有重要意义。一方面,老年人只有跨越数字鸿沟,才能无障碍地在日常生活中使用电子产品、获取各种信息化服务,在享受数字红利下增加生活便利性;另一方面,对于行动不便的老年人来说,使用互联网可以在足不出户地条件下进行社交娱乐,通过社交平台和网络媒介扩大老人的生活圈,丰富老年精神生活。

(三)以人为本的发展理念和积极人口老龄化的制度要求

我国实行以人为本的发展理念和积极人口老龄化的国家战略,帮助老年人跨越"数字鸿沟"是践行国家发展理念和战略的制度要求。"十四五"养老事业规划要求建设兼顾老年人需求的智慧社会,长效解决"数字鸿沟"难题,开展智慧助老行动。老年"数字鸿沟"问题是信息化时代产生的新的社会不平等,帮助老年人跨越"数字鸿沟"有利于实现积极老龄化治理,构建以人为本的包容性治理体系,促进老龄社会的公平发展(杨一帆、潘君豪,2019)。

## 二、老年人使用互联网现状与问题

老年人互联网使用率较低,在利用互联网购物、交通出行和线上消费方面均不太擅长。大多数老年人每日上网时间比较少,在日常生活中使用互联网频率较低。然而在互联网络发达的时代背景下,数字生活应用场景的覆盖范围越来越广,不上网或很少上网可能会降低老年人的社会参与,甚至产生社会的脱节。老年人使用互联网频率较低,不利于老年人信息技能的熟练与提升,可能导致数字鸿沟的不断加剧和老年人对时代发展变化的不适应。另外,随着年轻群体对互联网利用率较高,生活方式越来越依赖电子信息技术。在家庭生活中,老年人和后代之间容易形成数字代际鸿沟,不利于代际间的交流与沟通,造成老年人在精神上的孤独和寂寞。实体店仍是老年人购买衣物的主要场所,老年人很少坐出租车,坐出租车的老年人中很少有老人会通过网约车如滴滴、滴答等方式叫车,老年人也不太擅长利用互联网叫外卖、网购等。

### 三、帮助老年人跨越"数字鸿沟"对策

（一）构建老龄友好信息基础设施,推动智能服务适老化改造

老年人在网络平台购买衣服、食品、旅游等方面均不太擅长,对于智能产品功能与服务掌握程度较低。帮助老年人跨越"数字鸿沟",一是应该推动智能产品和服务的适老化改造,在信息基础设施上满足适老化需求。二是加强线上与线下适老化建设相结合,完善非数字公共配套服务。

一是推动智能产品与服务适老化改造,创新适老技术。

互联网企业和软件公司在相关应用开发、推广和使用过程中,应深入研究老年人的需求特点和使用习惯,增强智能产品与服务的适老性。企业应创新开发富有人性化特点且容错性良好的友好界面,适应老年人生理机能退化的特点。例如,切合老年人生理和认知技能衰退带来的不便,开发大按键、流程简化的智能终端,采取加大字体、语音输入和识别等老年友好功能。针对数字应用能力较差的老人,应加强技术的创新,开发弥补机能缺陷的辅助应用设备。推动智能服务的适老化改造,针对老年人群的需求提供更优质的智能化服务。搭建更多的专业化老年人网络平台,为老年人提供信息公开、意见反馈、健康指导、社交娱乐等个性化服务。在加强数字包容性与创新适老技术的过程中,推动智能产品与

服务适老化改造,帮助老年人跨越"数字鸿沟"(张未平、范君晖,2019;陆杰华、韦晓丹,2021;林宝,2020)。

二是完善线下配套服务,构建老龄友好信息基础设施。

弥合老年数字鸿沟,一方面需要不断发展老龄友好的智能技术,另一方面需要完善相应的非数字公共配套服务,构建老龄友好信息基础设施。在推动智慧服务转向适老化需求的同时,适当保留传统服务方式。在交通、医疗、金融、生活缴费等服务领域保留线下渠道,确保所有老年人都能够接受基本公共服务(陆杰华、郭芳慈,2021)。在以人为本的发展理念下,加强数字技术与公共服务的包容性,构建老龄友好的信息基础设施。

(二)加强老年教育和信息培训,促进老年数字融入

与年轻群体相比,老年群体在信息资源获取和信息技术能力方面一直处于相对劣势地位,帮助老年人跨越"数字鸿沟",必须提高老年人群的信息接收水平和使用技能。应加强老年教育和信息培训,通过专业教育与培训促进老年人群的网络融入。

倡导终身教育学习理念,推动老年教育的发展,使得老年人可以通过学习及时跟上信息化社会发展的步伐。构建联动机制,整合老年人教育资源,深度整合开放大学、老年大学、文化服务机构、公共图书馆、社区等教育资源,开设信息素养网络培训课程及其衍生发展的函授教育、远程教育和网络教育。创新教学模式,激发老年人的学习潜能,在老年教学中坚持以多样化、个性化需求为主导。在老年数字教育中,以老年人为学习主体,突出教学的场景化,运用理论联系实际的教学方法,便于老人理解与掌握信息技术(杨素雯,2022)。

社区、老年协会、老年大学、养老机构和各种社会公益组织可通过组织讲座、技术咨询、公益培训等形式帮助老年人掌握互联网知识和技能。鼓励社区联合公益组织、老年机构和互联网企业开展应用培训、助老志愿活动和银龄数字科普行动,提高老年人数字素养(鲁金萍,2022)。

(三)加强家庭与社会数字反哺,推动信息技能代际传递

大部分老年人由于记忆力与认知水平下降、接触机会少或新技术恐惧,对

学习互联网使用技能存在困难,统一的信息培训和老年教育并不能让老人在生活中熟练地使用信息技能。作为老年人比较熟悉的人群,家庭成员和社区人员可以通过对老人进行反向教育,传递信息知识与技能,以帮助老年人跨越"数字鸿沟"。

基于家庭和社会支持的非正式教育是正式老年教育的重要补充,可以满足老年人群在信息技术学习中的个性化需求。在家庭层面,鼓励年轻家庭成员为老年人提供技术辅导。子女的教育反哺能够为老年父母提供最直接的技术支持和物质保障,消除老人对接触网络的焦虑与恐惧(何铨,张湘笛,2017)。子女可以通过与老人面对面交流学习,传授老年人信息技术知识,提高老人使用互联网的能力。在社会层面,可以开展数字助老志愿活动。将提升老年人学习和运用智能手机、互联网等现代信息科技知识和能力作为志愿服务的重要内容,鼓励高等院校志愿者积极参与,帮助老年人快速学习信息技术(黄晨熹,2020)。

(四)强化政策措施与法律规定,完善老年数字治理机制

帮助老年人跨越"数字鸿沟",破解老年数字融入困境的长效机制关键在于完善社会治理体制。面对老年"数字鸿沟",政府应该发挥在制度设计上的主导作用,推进老年数字化建设。在考虑不同地区、不同年龄、不同健康状况等老年群体的异质性的基础上,制定面向老年人的数字专项计划,为不同地区的弱势群体提供精准数字治理。推进"十四五"计划中加强农村及偏远地区5G、光纤宽带等数字基础设施建设,增加老人对互联网的接触使用机会。通过对数字权利保护、信息无障碍和反诈骗等相关法律法规的补充修订来明确社会底线和边界,规范数字产品与服务的市场准入。鼓励互联网服务企业积极承担社会责任,探索与创新智能产品与服务的适老化改造,满足老年人的数字生活需求。加强对社区、社会组织和老年协会等开展老年信息教育组织活动的支持,发挥基层治理为老服务的重要作用。加强网络严格监管,树立互联网公信力和权威,为老年人健康、安全参与互联网提供制度保障(杨一帆、潘君豪,2019;刘奕、李晓娜,2022;张未平、范君晖,2019)。

# 第四节　促进老人社会参与和交往，
## 实现积极老龄化和健康老龄化

## 一、促进老年人社会参与和交往的意义

（一）促进老年人社会参与和交往是"积极老龄化"的主要内容

"积极老龄化"最初是1996年世界卫生组织在《健康与老龄化宣言》中提出的，并在2002年联合国第二届世界老龄大会正式提出行动方案并被国际社会接受作为应对人口老龄化战略的新理念。积极老龄化是人到老年时，为了提高生活质量，使健康、参与和保障的机会尽可能发挥最大效益的过程。"积极老龄化"的政策和计划，必须以老年人的权利、需要、喜好和能力为基础。对老年人的认可和对他们充分参与的促进，是"积极老龄化"的主要内容，进入老年的人应该积极参与社会的经济、文化和政治活动。研究与实践表明，60—69岁的低龄老人，思维能力保持着普通人智力高峰期的80%—90%，部分人智力和创新力甚至会进入一个新的高峰期。目前我国仍然是以低龄化为主的老龄化，低龄老年人占老年人总数的55%以上，老年人社会参与的潜力更加广阔。因此，把老有所为同老有所养结合起来，完善就业、志愿服务、社区治理等政策措施，充分发挥低龄老年人作用，有重要意义。

（二）促进老年人社会参与和交往是"健康老龄化"的重要内容

2016年第六十九届世界卫生大会审议通过的《2016—2020年老龄化与健康的全球战略和行动计划》中强调"健康的老龄化并不仅仅是指没有疾病。对大多数老年人来说，维持功能发挥是最为重要的"，指出功能发挥是"由个人内在能力与相关环境特征以及两者之间的相互作用构成"。让更多老年人特别是低龄老

年人适度参与社会活动,不仅有利于老年人以各种方式对经济和社会发展继续作贡献,而且极大有利于维持约 2 亿低龄老年人的"功能发挥",相对降低他们在进入中高龄老年期特别是高龄老年期后的半失能率和失能率,有效促进 21 世纪中叶我国的"健康老龄化"。

## 二、促进老年人社会参与和交往对策

（一）提高中低龄老年人社区志愿者活动参与率

首先,加大宣传力度,营造全社会的良好氛围。

大力宣传社区典型人物、典型活动和典型事迹,营造老年志愿者参与社区服务的社会文化,形成老有所为、老有所业、老有所乐的社会风尚。宣传可以线上线下同时开展,线上可以电视播放纪录片、短视频宣传老年志愿者风采,线下可以宣传栏贴告示、发放海报、社区门口滚动电子屏幕等。同时,可采取创建节日文化的方式,如设立长者义工服务日或纪念日,使志愿者精神深入人心。

其次,出台老年志愿者服务法,提供制度支持。

基于老年志愿者群体的特殊性,可建立一部专门针对老年志愿者服务的立法,明确其法律地位,赋予其权利与义务,确保老年志愿者积极参与以及被侵权时有法可依、有章可循。在权益保障方面,需针对老年志愿者参与社区服务期间的人身安全问题建立完善的人身安全保障机制,明确规定可能发生的意外以及赔偿数额。在促进措施方面,设立老年志愿者活动的专项基金,确保充足的资金支持,可根据老年志愿者组织的人员情况、活动项目、经费预算等确定拨款额度。

再次,重视服务项目开发,丰富活动载体。

多样化的服务项目,不仅可以促进社区治理,还可以使老年志愿者人尽其才,吸引更多的老年志愿者参与其中。针对实践中项目较少而导致老年志愿者参与率较低的问题,需着力加强社区服务项目的开发。项目开发可充分调动社区民间组织、专业社会工作服务机构的力量共同参与。项目开发方式可以按照社区人文环境进行细分,分为社会救助、邻里纠纷关系调解、社区治安、社区环境治理等项目。

最后,健全完善激励机制,确保服务的可持续性。

一是建立基本生活保障机制,为老年志愿者提供基本物质保障,如发放津贴、提供交通补助、餐饮补助等。二是建立时间储蓄银行机制,根据老年志愿者参与社区服务的时长为其提供相应的回报,如提供免费体检、看病买药享受折扣优惠、免费进养老机构等相关服务。三是建立优秀表彰机制,可以在社区举办大型慈善晚会,评选出"老年志愿者之星",授予"优秀志愿者"称号,颁发荣誉证书,并给予一定的物质奖励,以激励更多的老年人参与志愿活动。

(二)丰富老年团体活动,使团体组织活动多元化

不光要鼓励老年人参与由共产党倡导的团体或组织活动,也要鼓励老年人团体活动多样发展。例如可以将老年团体纳入民间组织范畴,引入社会捐赠机制,使老年团体活动步入良性发展轨道,从而借此提高管理水平,保障成员的合法权益,加强不同地域、类型团体之间的交流合作,并根据老人的服务需求自主运营和开展服务。此外,政府可以颁布减免税收、企业冠名等社会政策,号召企事业单位及有识之士提供资金及场地,并利用"社区老年福利服务星光计划"资金筹建的社区老年服务活动中心促进老年团体活动的开展。

(三)借助现实或网络建立起基于兴趣爱好的第四社交圈

第四社交圈是指老年人在家人、同事、同学以外建立起的社交圈,对于缓解老年人孤独、防止社会隔离和边缘化具有重要作用。进入老年期,个体难免会经历退休、子女离家或配偶去世等事件,导致原有社会网络的缺失而产生社会隔离。通过建立第四社交圈可在一定程度上弥补家庭小型化、空巢化带来的家庭成员交流互动不足的问题,也为老年人寻求更丰富多彩的生活方式提供了可能,是实现老有所乐、老有所学、老有所为的新途径。而更广的社交圈也有助于老年人获得更多元的支持,不同类型成员的情感性和工具性支持对提升老年人的幸福感和生活满意度都大有裨益。

互联网和数字信息技术的使用是老年人建立发展第四社交圈的主要载体,弥合当前仍然存在于老年人与中青年人之间的数字鸿沟才真正有助于扩

大老年人与他人的交往范围。互联网企业和软件公司应当根据老年人的需求，对网页和 App(应用软件)进行"适老化"改造，推出方便老年人使用的友好界面。社区、老年协会、老年大学、养老机构和各种社会公益组织可通过组织讲座、技术咨询、公益培训等形式帮助老年人掌握互联网知识和技能。报纸杂志、广播电视、网络媒体等都可进行宣传介绍和舆情引导，推动老年人学习上网。此外，老年人作为主体只有积极学习互联网新技能才能融入社会发展，寻找到能够丰富晚年生活并拥有更广泛支持的社交圈。最后，家庭成员对于老年人第四社交圈的支持作用可通过帮助老年人学习互联网使用、鼓励老年人建立多渠道的社交方式来体现。

## 第五节　加快实现健康老龄化，当务之急推动医疗适老化改革

### 一、推动医疗适老化的必要性

随着我国人口老龄化趋势加强，老年人健康问题成为热点话题，针对老年人健康问题，要坚持生命至上，人民至上，以人民为中心，把健康老龄化的理念融入到社会发展的方方面面。上海市是我国最早进入人口老龄化的城市，也是我国老龄化程度最高的城市，预计"十四五"期间老年人口规模仍将持续增长，老年人对医疗保障、养老服务和健康服务的需求将持续上升，为推进实施健康中国战略、积极应对人口老龄化国家战略，推动医疗适老化改革能够持续推进老年友好型城市建设，持续夯实积极老龄化"健康、参与、保障"三大支柱，在"三化两高"上取得新突破。

## 二、老年健康服务体系仍不完善

### (一)老年人日常体检参与度不高

老年人对自身健康状况缺乏清晰认知,且每年仍有很多老年人偶尔或从不体检,老年人日常常规体检的参与度不高,缺乏积极性,日常的健康体检宣传不到位,老年人还没有认识到健康体检的重要性。按时定期体检能够及时发现疾病,预防疾病恶化,老年人身体状况较差,多病缠身,如果不按时体检可能会错过早发现早诊断的时机,导致病情恶化,难以救治。

### (二)分级诊疗制度不完善,基层医疗机构服务能力仍需加强

老年人在医院选择上会更偏向于就近医院或社区卫生所,但是基层医疗机构医疗水平有限,服务能力较弱,同时分级诊疗制度不完善,在初级诊所向上级医院转诊过程中,手续繁琐,老年人等候更科学治疗时间较长,服务效率不高。就医效率低下容易导致老年人就医困难,在医院内不停奔波或者一直等候,耽误治疗且增加老年人负担。

### (三)老年人体育锻炼方式单一

老年人热爱运动,徒步、散步、长跑、慢跑等是老年人平时最为常见、也最为喜欢的运动,体育锻炼能够预防慢性疾病,强化自身系统,延缓衰老,但老年人的体育锻炼方式单一,以跑步或步行为主,其次为广场舞和球类等运动,老年人身体机能下降,部分体育锻炼并不适合老年人,不适合的体育项目反而会对老年人身体造成损伤。

## 三、推动医疗适老化的建议对策

### (一)普及健康生活方式,加强老年健康教育

一是加强老年健康宣传,制订体检保障措施。

完善健康教育和健康管理,社区开展老年人老年健康宣传周,举办关于老年人健康的讲座,印发老年人健康传单或科普教材,利用多种传播媒介向老年人普及宣传健康的生活知识,让老年人树立健康的理念。

为老年人提供体检等健康管理服务是我国公共卫生服务的重要举措,常规

健康体检能够让老年人了解自身身体健康状况,改善自身健康行为,但是仍有两成老年人很少参与健康体检,老年人日常健康体检的参与率存在提高空间。要制订体检保障措施,落实基本卫生公共服务老年人健康管理项目,监测老年人身体健康状况,推进健康管理小组建设,加强体检的宣传动员,提高与老年人社会接触,让老年人积极参与到常规健康体检(汪艳,2022;林艳伟 等,2021)。

二是倡导科学健身,完善老年人运动处方库,加强体育锻炼的组织和指导。

制订老年人科学健身活动科普指南,建立老年人全民健身志愿服务队伍,加强体育锻炼组织和指导,依据老年人的身体素质的差异提供适合的运动项目和锻炼强度,指导和帮助老年人科学开展各类体育健身项目,同时推广中国传统保健体育运动,推广中医传统运动项目,扩大完善老年人运动处方库。

(二)促进医疗改革,深入推进医养结合

一是优化健康服务供给,着力提高社区基层医疗机构的服务能力。

老年人在医院选择上会更偏向于就近医院或社区卫生所,要及时更新构建社区卫生服务机构标准化体系,加强社区居家康复和护理服务,一方面社区基层医疗机构积极推动智慧医疗和远程医疗的落实,实现足不出户看大病,推进"互联网＋护理""互联网＋医疗""互联网＋家庭医生"等服务模式应用于老年健康服务,改善医疗卫生水平;另一方面提高基层医疗人员的专业素养,与大城市大医院合作交流,并积极引进优质人才,促进优质医疗服务资源扩容下沉和城乡纵向流动均衡布局,推动社区卫生服务中心、卫生室与养老机构、社区托养机构、社区综合为老服务中心、社区文化活动中心等设施同址或邻近设置,实现养老服务机构普遍具备医养结合能力。全面提高基层医疗卫生机构为老年人提供医疗服务的能力,夯实"家门口"老年健康服务平台。

二是加快推行分级诊疗制度,提高基层医疗机构服务效率。

老年人在就医选择中偏向去基层医疗机构,但基层社区医疗机构服务水平有限,服务效率较低,容易耽误老年人病情。要积极设立老年人快速预检通道,多渠道提供预约挂号服务,完善分级诊疗制度,完善老年人健康档案和医养结合信息管理系统,加强动态管理。同时建立健全老年人就医信息共享机制,鼓励部分医疗机构转型为针对老年人的康复专科医院或护理院,简化上下级转诊流程,方便初级诊断医生与专科医生共同协商诊疗方案,优化老年人就医和医疗报销流程。成立公益志愿服务队和老年人互帮互助组织,缓解医院服务人员压力,为老年人提供志愿服务,缩短老年人的等候时间,提升就医效率(韩莉,2022;樊杨艳,2022,梁金刚、杨慧,2022)。

## 第六节　关注丧偶老人及老年人家庭关系，降低老年人孤独感

### 一、关注丧偶老人及老年人家庭关系和幸福感的意义

(一)家庭关怀是老年人幸福感的主要来源

家庭是老年人生活的重要依托,家庭成员一般包括配偶、子女和父母,不同类型成员的工具性和情感性支持等对提升老年人的幸福感和生活满意度发挥了重要作用。家庭关怀与老年人的健康行为、情绪状态密不可分,高度的家庭关怀意味着老年人高质量的晚年生活。

(二)对丧偶老人的关注是老龄化工作的重要一环

我国是世界上人口老龄化程度比较高的国家之一,老年人口数量最多,应对人口老龄化任务最重。值得注意的是,老年群体中丧偶老人所占比例很大,丧偶老人的生活处境应该被关注。由于中国目前的社会现状,65周岁及以上老年人的数量迅速增加,其中丧偶老人数量正以前所未有的速度增长。而刚刚经历失去配偶的老人在需要独自生活起居上必然会面临各种不适应,这些不适应也在各个方面影响着老人的晚年生活质量。因此,加强对丧偶老人的关注,是老龄化

工作中的重要一环。

（三）老年人幸福感有利于促进老年人身心健康

孤独感是个体对社会交往和情感支持的期望与实际感知到的水平间存在差距而产生的一种消极情绪体验。孤独感会出现在所有年龄阶段，但一般认为在老年人中更为普遍而且更为严重。个体孤独感的水平会影响其对生活总体质量的评价，常常伴随着积极情绪体验的降低和消极情绪的增加，是影响老年人主观幸福感的重要因素。提升老年人的幸福感，有助于老年人自身身心健康，有幸福感的人相对于没有幸福感的人，有较为良好的健康习惯和比较强健的免疫系统，死亡率、残障率均可降低50%，而且不易衰老。事实上，经常保持愉悦的心情，拥有幸福感，可以促进人们身体健康，甚至延长寿命。

## 二、老年人家庭关系及丧偶老人的现状与问题

（一）老年人家庭关系及其影响因素

很多老年人认为，导致其家庭氛围不够和睦的主要原因中有夫妻关系、自己与子女之间的关系、儿媳妇与公婆间关系、兄弟姐妹同辈间关系以及子女教育观念不同引起的家庭矛盾等。

在家庭氛围中，婚姻关系是否和谐至关重要。影响婚姻关系和谐与否的因素是多样化的，在和谐婚姻关系最重要的基础问题中，相互包容、彼此信任、夫妻双方真心相爱、夫妻双方彼此有责任担当、互相欣赏、孝敬双方父母、门当户对、常在一起、共同的子女教育观、拥有共同理想、物质基础、性生活和谐等因素被认为是影响婚姻关系和谐与否的主要因素。伴随社会、经济、文化等的发展，老年人越来越在意内在的相互包容与信任、相爱与责任等因素。

根据2020年第七次全国人口普查抽样数据，上海市老年人丧偶情况总体低于全国和长三角（表6.1），为了更好地解决老年丧偶问题，需要综合考虑经济、社会、文化等多方面的因素，采取针对性的措施，关注他们的心理健康和生活质量。政府和社会应该提供更多的支持和帮助，包括提供心理咨询、社交活动、养老服务等，以帮助他们更好地应对老年丧偶带来的挑战。

表 6.1　全国、长三角及上海市老年人丧偶情况

| 区域 | 丧偶率(%) |
|------|-----------|
| 全国 | 21.81 |
| 长三角 | 20.08 |
| 上海 | 15.89 |

(二)老年人丧偶影响身心健康

老年人丧偶率较高,不仅直接对老年人精神状况产生影响,还意味着生活方式及经济状况等发生改变,均可能对老年人生理和心理造成冲击。已有数据表明,农村丧偶老年人的健康问题尤为突出。中国健康与养老追踪调查(CHARLS)数据显示,在农村丧偶老年人中,患慢性病的老人约占 80%,患有抑郁症的老人占比 29.8%,这一比例是农村在婚老年人的两倍左右。丧偶首先会对老年人精神健康产生影响,可能会进一步引发慢性病、身体失能或者认知障碍等健康风险,在当前多数子女外出务工的背景下,则可能进一步导致外出务工子女返乡照料或老年人陷入无人照料的困境。因此,关注丧偶老人、尤其是农村身体健康状况欠佳、倍感孤独的女性丧偶老人,意义特别重大。此外,把握丧偶对老年人健康与幸福感带来的冲击状况,有利于出台预防和缓解这一冲击的政策措施。

(三)丧偶老人及老年人家庭关系和幸福感问题

第一,老年人家庭和婚姻关系还存在一定矛盾。

家庭关系对老年人有着很大的影响,而当下老年人夫妻关系普遍存在冲突,亲子关系也往往存在矛盾,因此如何改善家庭婚姻关系,密切与家庭成员的交往是提高老年人的生活质量和满意度亟需解决的问题。

第二,丧偶老人占比较高,存在养老困境。

丧偶老人占比较高,丧偶老人在精神与物质方面都处于弱势的地位,其养老困境往往体现在生活困难、精神痛苦与再婚问题上。

第三,丧偶老人对生活不太满意且感受到孤独。

老年人越感觉自己与他人缺乏联系或沟通,他们患上阿兹海默症、心血管疾病、高血压等疾病及死亡的概率就越高,并且孤独感的这种负面影响是老年肥胖的两倍。一般而言,短暂的或偶然的孤独不会造成心理行为紊乱,但长期或严重的孤独感可引发某些情绪障碍,降低人的心理健康水平。孤独感还会增加与他人和社会的隔膜与疏离,而隔膜与疏离又会强化人的孤独感,久之势必导致疏离的个人体格失常。

### 三、关注丧偶老人及老年人家庭关系对策

(一)提高家庭关怀,发挥家庭对老年人幸福感的支持作用

第一,增加互动,包括增加夫妻关系、亲子关系间的互动和情感交流。

减少冲突,包括减少语言上的争吵和其他摩擦。正确沟通,老人和家庭成员都应当学会正确的沟通方式,掌握一定的沟通技巧。换位思考,通过加深双方之间的理解而密切亲密关系,正确处理可能产生的冲突。社工介入,社会工作者可以利用专业技能帮助老人改善家庭关系,使家庭情感功能凸显。

第二,弘扬良好家风,完善家庭支持体系建设。

老年人认为代际关系的好坏影响家庭氛围和睦的程度,应培育敬老孝亲的社会氛围。完善家庭支持体系的建设能够有效缓解老年人与子女之间代际关系的压力,需要让尊老美德的家庭建设成为社会共识,完善制度保障和服务设施,增强家庭支持力度,完善法律法规,建立健全老年人的社会权益保障和养老服务体系,督促子女履行赡养义务,在全社会形成和睦的家庭氛围。

第三,在婚姻关系中相互包容,平等交流,并引入心理疏导。

老年人认为在婚姻关系中相互包容是重要的。夫妻之间要相互包容,有耐心,遇到问题时,双方要互相尊重,平等交流。同时,鼓励社会引入心理疏导,调解老年人在婚姻关系中难以沟通的问题与矛盾。

(二)加大对丧偶老人的支持,降低丧偶老人孤独感

第一,巩固家庭支持的基本作用。

子女应当承担赡养责任,帮助老年人解决丧偶带来的生活上的不适应,提供

经济支持、情感支持、照料活动,并且鼓励其追求幸福。

第二,提高社区专业化服务水平。

社区提供包括生活照料、心理疏导、家庭调解、组织活动等服务,帮助老年人处理在生活、精神和再婚问题上的困境,同时也可通过小组工作使老人得以相互支持,共渡难关。

第三,实现政府各项职能的履行。

政府要为丧偶老人提供相应的社会福利和经济援助,解决生活上的经济问题。要加大对相关老年人精神服务企业的支持,促进精神慰藉产业的发展,解决心理问题。要明确相关法律法规,保障丧偶老人的再婚等权益。

第四,对有重新找伴意愿的老年人,鼓励其再婚或"搭伴养老"。

到了老年期,儿女长大成人,有了自己的家庭和事业,能时时刻刻陪伴在老人身边的只有配偶。然而,我国60岁及以上的人口中,丧偶率还是很高的。丧偶老年人要想摆脱丧偶造成的孤独感,重新获得伴侣的支持,消除心灵的创伤,再婚是一个很好的办法,不仅有利于老年人的身心健康,还有利于减轻老年人在照料方面给子女增加的负担。然而,老年人再婚因传统观念、财产关系以及担心子女反对等原因面临种种困难。对于有再婚意愿但再婚困难的老年人,则可以"搭伴养老",不进行结婚登记而生活在一起,实现晚年相互照料的效果。作为儿女,应该鼓励独身老人重新选择新的伴侣,重新获得夫妻间的感情支持与家庭的温暖,这是使他们从苦闷的心境中解脱出来的较好途径。

(三)缓解老年人孤独感,提升心理幸福感

第一,增加对丧偶老年人的健康干预并开展老年人心理关爱服务。

在丧偶初期,老年人精神抑郁最为严重。根据《国家卫生健康委办公室关于实施老年人心理关爱项目的通知》,在全国320个农村社区开展了农村老年人的心理关爱项目。建议将丧偶老年人纳入老年人心理关爱项目的重点人群。精神抑郁是造成老年人认知水平下降及日常活动能力趋弱的一大诱因,对丧偶老年人这一高风险群体进行心理关爱,将显著改善他们的精神面貌,延缓因精神健康导致的身体失能或认知水平下降,从而间接降低农村家庭的医疗开支和照料等负担。开展心理健康状况评估、早期识别和随访管理,为老年人特别是有特殊困难的老年人提供心理辅导、情绪纾解等心理关怀服务。鼓励设置心理学相关学科专业的院校、心理咨询机构等开通老年人心理援助热线,为老年人提供心理健康服务。加强基层社会心理服务平台建设,提升老年人心理健康服务能力,完善老年人心理健康服务网络。

第二,改善丧偶老年人的收入状况。

农村老年人占农村贫困人口的一半以上,而丧偶农村老年人则是农村老年人中最贫困的一部分。实施精准扶贫项目,要瞄准农村高龄、丧偶、失能等弱势的老年人群体进行精准扶贫。全面掌握丧偶贫困老年人的规模、分布和特征,把丧偶老年人纳入动态跟踪管理之中,随时评估他们的贫困风险,必要时将农村贫困丧偶老年人全部纳入最低生活保险的范畴,鼓励新型农村养老保险资金向丧偶、失能、高龄老年人倾斜,给予一定的养老资金补贴。

第三,增加老年人的社会支持,扩大老年人的社交网络,丰富丧偶老人的精神文化生活,促进养老与旅游融合发展。

对有儿女的老年人,鼓励儿女多回家探望老人,重要的是坐下来认真陪老人聊聊天,听听老人的倾诉,老年人常抱怨年轻人不愿意和他们聊天,对他们的谈话也不感兴趣。鼓励各种老年组织的建立,例如成立舞蹈协会、太极拳协会等,老年人在享受欢乐、拥有健康的同时,还能结交新的朋友、减轻孤独感。

丰富丧偶老年人的精神文化生活。已有研究表明,社会交往活动明显减少能够显著致使丧偶老年人的精神抑郁、认知功能变差。随着子女外出务工,不仅是农村丧偶老年人,其他独居农村老年人都面临着孤独和无人照料的困境。因此,应增加对农村社区老年人健身娱乐设施、日间食堂和照料中心的建设投入,形成养老互助中心,进一步丰富农村老年人的精神文化生活,改善老年人的健康状况。丰富老年人文体休闲生活,扩大老年文化服务供给,建立老年公共文体活动场所,搭建老年文化活动交流展示平台,支持老年文化团体和演出队伍登上乡村、社区舞台。鼓励和支持电影院、剧场等经营性文化娱乐场所增加面向老年人的优惠时段。支持老年人参与体育健身,每天可以坚持体育锻炼一个小时左右,结伴散步,简单易行。

促进养老和旅游融合发展,鼓励老年人多接触外界。老年人平时待在家里孤单寂寞,通过旅游可以接触外面的世界,有利于身心健康。可引导各类旅游景区、度假区加强适老化建设和改造,建设康养旅游基地,鼓励企业开发老年特色旅游产品,拓展老年观光旅游、老年乡村旅游等新业态。支持社会力量建设旅居养老旅游服务设施,结合各地自然禀赋,加强跨区域对接联动,打造旅居养老旅游市场。

# 第七节 实现老年人经济来源多样化,
# 增强抵御老年贫困风险能力

## 一、增强抵御老年贫困风险能力的必要性

在人口老龄化的背景下,尽管脱贫攻坚已经全面胜利,已经意味着我国完成了消除绝对贫困这一历史任务,但相对贫困仍将在较长的一段时间内存在,尤其是作为贫困风险的高发弱势群体之一的老年人,所以老年贫困风险仍是不容忽视的社会问题。正如党的二十大报告中所言:"物质富足、精神富有是社会主义现代化的根本要求。"因此我们更需要关注老年人的物质生活的富足,这是其拥有幸福生活的基础。

老年人的主要收入来源是退休金,在家庭成员资助、政府低保和投资理财等的占比较低,经济来源结构较单一。

因此老年人应对风险的能力较弱,制约了生活水平的提高,而实现经济来源

多样化、自主化有利于提高老年人抵御风险的能力,而在这其中推动退休制度改革、发展老年教育、促进再就业等措施不仅有利于将解决老龄化问题,也利于满足老年人的需求。

## 二、老年人经济来源现状与贫困风险问题

(一)老年人主要经济来源及影响因素分析

第一,老年人保险参保率较低,社会福利较少。

老年人参加医疗保险和养老保险的比重低于全国所有年龄人口的整体参保率,且在具体类型中以城镇职工养老保险和医疗保险为主,新兴农村合作养老和医疗保险较少。较低的参保率不利于保障老年生活的稳定退休金来源。在参加工作的少量老年人中,工作单位大多没有提供任何现金福利。可见,老年人的保险参保率仍较低,且农村的发展落后于城市,而工作的老年人获得现金福利的也较少。

第二,老年人被迫退出劳动力市场,收入来源中断,遭遇老年贫困风险。

老年人工作率较低,而其中以低龄老人(60—69 岁)为主,高龄老人已经完全退出劳动力市场。可见,老年群体因为年龄和身体等原因,大部分已经被迫退出劳动领域,难以再次进入,收入来源中断,有可能会陷入老年贫困的困境。

第三,老年人受教育程度普遍较低,受教育程度对收入影响较大。

老年人受教育程度普遍较低,有待进一步加强老年大学等教育提高学历。受教育程度高的老年人因有固定工资性收入、投资理财收入等而对退休金依赖性较低;受教育程度低(如未上学或小学)的老年人收入堪忧,能够享受退休金者较少,对政府低保和家庭成员资助等依赖性较强;受教育程度中等的老年人对退休金依赖性最强,而教育程度越高,工资收入往往越高。可见,老年人受教育程度仍待加强,且受教育程度对经济来源的影响较大。

(二)上海老年贫困风险潜在问题分析

第一,社会保障和福利水平有限。

积极应对人口老龄化已被提升到法律高度,但我国老年社会保障制度仍然

在养老、医疗保障体系上亟待完善,老年社会福利也亟需发展。当下老年人养老保险并未实现全面覆盖,养老保险体系也不够完善,社会福利不够充足,而针对弱势群体的社会救助有限,比如政府低保的保障等。而社会保障是避免贫困风险的基础。

第二,老年人再就业仍存在困境。

首先,当下的退休制度阻碍了低龄老人继续参与工作。其次,老年人在家庭中往往担当着育儿的责任与角色,从而被限制再就业。最后,社会上仍存在对老年人再就业的歧视和误解,包括改变认为老年人不具有创新、生产能力以及认为老年人再就业是与年轻人"抢饭碗"等错误观点(李蕾 等,2012)。这些困境阻碍了老年人通过再就业增加个人收入,而老年人个人收入减少则容易产生贫困风险。

第三,传统家庭的养老功能下降。

一方面,隔代教育已成为祖辈当前生活方式的主要选择,但是祖辈在教育孩子的观念上与父辈容易产生冲突和矛盾,且隔代教育对祖辈的身体也是一个负担,亟需培养老年人教育观念与时俱进,解决在隔代教育中存在的问题和弊端;另一方面,部分家庭子女未履行养老功能,家庭的养老功能有所下降,经济支持较少。家庭的支持下降导致老年人容易陷入贫困状态。

第四,老年教育难以满足发展需求。

《"十四五"国家老龄事业发展和养老服务体系规划》对老年教育进行了重点部署,强调要积极看待老龄社会,因此在新时代老年人离不开终身学习,需要通过老年教育提高自身学历。但当下的老年教育仍存在以娱乐型为主、以被动照顾为主等问题,无法满足老年人的教育需求,因而对老年人收入结构的改善产生阻碍作用,从而提升贫困风险的可能性。

### 三、丰富老年经济来源,抵御贫困风险的建议对策

(一)完善社会保障制度以保障老年人最基本的收入来源

第一,加强老年社会保障体系建设,缩小城乡在社会保障的差距。

一是提高新农保和城镇居民养老保险的待遇。根据《上海市老龄事业发展"十四五"规划》,持续推动职保退休人员基本养老金和城乡居民养老保险基础养老金的稳定增长,推进养老保险制度全覆盖。二是完善以基本养老保险为主、企业养老保险为补充和个人储蓄型养老保险相结合的多层次养老保险体系。既需要提高企业年金覆盖率,也需要规范第三支柱养老保险,推动个人养老金的发展。三是推进医疗保障体系的完善,通过完善大病保险及医疗救助制度、发展商业医疗保险等措施解决老年人求医的后顾之忧和可能因治病就医产生的贫困风险。

此外,缩小城乡社会保障差距的实现需要在城乡统筹发展下实现社会保障制度一体化,因此一方面需要先把部分人群率先纳入城市的社会保障体系,如进城农民工、乡镇企业职工以及失地农民;另一方面也需要为务农人口提供必要的社会保障。

第二,完善社会的救助和福利制度,强化社会救助兜底保障作用。

一是完善分层分类的社会救助体系,即需要将符合条件的老年人纳入相应社会救助范围,发挥社会救助的兜底保障作用。增强老年社会救助经办管理。推动探索通过政府购买服务等方式为经济困难的老年人等提供必要的访视、照料等服务。二是加大转移支付力度。需要政府加大转移支付力度,通过发放现金等形式,将收入在贫困线以下的老年人口的收入提升至贫困线以上。三是保障就业老年人的现金福利,政府监管企业对福利的发放,保障再就业老人的权利。

(二)解决老年人再就业困境,提高收入自主化水平

第一,合理调整现行的退休年龄,建立弹性退休制度。

目前在推迟退休政策大思路已确定的背景下,政府应当尝试逐步推行灵活的弹性退休制度,合理调整退休年龄。一是坚持党的二十大所提出的"实施渐进式延迟法定退休年龄",通过征询意见获得共识、确立过渡期、注意临界退休人员等方式进行渐进调整。二是在退休年龄上限的规定和就业方式上需要弹性化处

理,针对性别差异和职业类型差异进行区别调整,避免"一刀切"方式。

第二,宣传孝亲敬老等优秀文化,减轻家庭社会阻碍。

通过孝亲敬老文化的宣传有利于家庭和社会转变原有观念,让社会重新认识到老年人再就业的意义与价值,减轻对老年人再就业的不解和阻碍。同时一方面在家庭层面,政府也可以推动社会工作者在家庭关系调解和改善中发挥更大的作用。另一方面在社会层面坚持就业优先战略,推动就业岗位的增加,同时也消除影响平等就业的不合理限制和就业歧视,从而保障老年人平等享受就业权利。

第三,完善政策支持和机构建立,保障老人的再就业。

一是推进对老年人再就业相关法律法规和政策的完善,完善劳动关系协商协调机制,包括对老年人就业的工作的时间、强度、报酬、福利以及权益保障和损害赔偿等方面。二是建立老年人再就业的专门权威机构、协调相关部门整合资源针对老年人退休前从事的职业类型、行业类型和工作单位类型,有针对性地促进其再就业,完善对重点群体的就业支持体系,进行就业服务帮扶、支持与引导,保障老年人的就业工资收入水平提升。

(三)提高家庭对老年人的经济支持作用

第一,改善家庭代际关系,引导子女自觉承担支持责任。

家庭支持的基础是道德和亲情,因此政府要开展宣讲活动等促进老人及子女观念的转变,从而改善家庭代际关系,引导家庭中子女发挥更大的经济支持作用。一是增强子女的赡养责任意识,引导其自觉承担养老责任。二是转变隔代教育观念,减轻隔代教育负担及因此产生的矛盾。

第二,完善家庭支持的政策体系,鼓励并监督子女承担责任。

"十四五"规划纲要指出,要支持家庭发挥承担养老的功能,因此在政策上需要完善家庭支持的政策体系。一是在鼓励政策上,既可以在财产继承权方面向更多承担养老责任的子女或者亲属倾斜,也可以为支持老人的子女提供增加休假日、税收优惠等补贴。此外也应当鼓励市场主体为子女提供父母养老的支持性产品、服务；另一方面，在监督政策上，既明确规定家庭成员的赡养职责，并对不赡养的行为给予法律制裁。

（四）发展老年教育以拓展老年人收入来源

第一，延伸老年教育发展，增加固定性的工资收入。

老年教育产业作为一项公益事业，目前仍处于起步阶段，所以单靠市场的力量无法支持发展，更需要政府的引导和扶持。一是需要在推动专业性老年大学发展的同时推进老年教育向基层社区、农村的延伸，将老年教育融入到社区等场景，提高老年人接触教育的可达性。二是转变老年教育类型，推进老年教育功能由娱乐型向赋能型转变，从照顾型向参与型转变，着眼于开发老年人潜能，进而强化对老年人力资源的开发（郑玉清，2019）。

第二，丰富老年教育类型，拓展工资外的收入来源。

老年教育不仅包括老年大学对教育程度的提升，也应当包括对理财知识、数字知识、职业技能等的教育。因此对于老年教育的类型应当进行丰富和完善。一是推动理财知识的宣传教育，引导老年群体树立科学的投资观念，此外可以优化升级金融机构老年人理财服务，推动企业创新养老金融产品，从而使老年人增加个人储蓄和理财收入。二是推动老年人数字知识的增长，跨越"数字鸿沟"，便利适应社会发展，从而可通过线上方式获得多种收入，也能更便利地进行消费。三是推动职业技能的培训教育，此外可以加强对兼职方式的宣传，完善兼职方式的政策保障，鼓励老年人采取灵活就业和新就业形态，通过进行兼职等方式以增加多样化收入来源，从而增强抵御老年贫困风险的能力。

# 第八节
# 促进银发经济发展,推动合理消费投资

## 一、促进银发经济发展必要性

随着老龄化程度不断深化,人口年龄结构的变化给经济社会带来了诸多挑战。在我国老年人口数量巨大,老龄化进程异常快速的基本国情下,人口红利的消失要求转变经济发展方式,银发经济的发展是积极应对人口老龄化的重要举措。老年人由于生理原因,更关注医疗保健消费与养老投资问题,在消费投资方面具有独特的需求。促进银发经济的发展,有利于推动以老年人为导向的产品生产与服务开发,满足老年人在健康养老方面的消费投资需求,提高老年人生活质量。

此外,推动老年人合理投资理财,有助于老年人更好地管理个人积蓄,增加养老资金的储备。在了解多种投资理财活动后,老年人可以根据自己的养老计划,通过合理投资增加养老资金,这对于减轻家庭和国家的养老负担都有重要的作用。合适的养老理财产品可以为老年人养老提供重要的资金支持,缓解社会的养老负担,增进老年生活福祉。

## 二、老年人消费投资存在的问题

(一)老年人投资理财意识有待加强

老年人家庭以参与投资理财项目为主,但仍有很多老年人没有任何投资活动。可见,老年人投资理财意识还有进一步提升的空间。

(二)老年人投资理财活动形式较为单一

老年人进行的投资理财活动以银行存款为主、股票为辅,在形式上较为单一。老年人由于信息获取途径受限,对投资理财活动类型与风险的认知程度不够,导致投资理财活动具有局限性。老年人需要进一步加强对养老理财产品及相关金融知识的认识,了解各种投资活动风险。

(三)老年人在医疗保健消费支出较多

上海老年人在医疗保健方面的消费支出要多于成年居民。一方面医疗保健支出容易造成老人的经济负担,使老年人的消费潜能无法得到充分的释放;另一方面出于老年人对医疗保健的重视,保健品诈骗行为也成为需要关注的社会问题。2022年央视财经有文章报道,上海警方破获了80多起保健品诈骗案。原件几十元的普通食品,被不法分子谎称为能够治疗各类老年疾病的"特效药",以几千元甚至上万元的价格卖给老年人。这些诈骗案以养老保健为名实施,以高于市场价数十倍的价格进行销售(柯成韵,2022)。

### 三、促进银发经济发展对策

(一)增加医疗资源配置,减少老年医疗保健消费支出

老年人由于年纪增长或慢性疾病,医疗保健成为消费支出的重要组成部分。对于农村老人或相对贫困的老人来说,较多的医疗消费支出容易增加老人的经济负担,影响老人的及时就医。随着我国老年人口的不断增加和人口结构的变化,政府需要及时扩大老年医疗的政策服务范围,减少老年医疗保健的消费支出,提高老年人在其他领域的消费能力。

第一,推动医保制度改革与完善,统筹城乡老年事业发展。

在城乡二元体制的背景下,农村与城市医保之间存在较大的差距。这要求扩大农村老年人口基本医疗保险覆盖面,努力实现城乡社会保障体系的全覆盖(郑咏文 等,2021)。在增加城乡社会保障体系的全覆盖基础上,合理配置城乡医疗资源,减少老人医疗保健消费支出。

第二,提升医疗保障的能力与水平,创新医疗减免政策

各地区围绕基本医疗保险的门诊统筹待遇、慢性疾病的保险比例、大病保险的待遇水平等重点,动态调整地区内部的医疗保障水平。创新医疗保障措施,针对我国老年贫困人口现状与医疗服务需求,实行创新费用减免、专项补助、保险

补贴等保障措施。

（二）发展老年导向的服务及产品，释放老人消费投资能力

目前，传统的产品开发和服务供给仍然以年轻人为导向，老年消费动力不足。随着老年人口比例不断增加，需要推动产品与服务的适老化改造，将积存在老年人手中的资产转变为日常消费能力，推动社会经济的发展。以适老化需求为导向实现产品和服务的创新开发，有利于释放老年人的消费投资能力，应对人口红利消失导致的挑战，发展银发经济（彭希哲、陈倩，2022）。

第一，推动消费产品与服务适老化改造。

加强老年用品研发制造，大力开发满足老年人衣食、住、行等需求的老年生活用品。针对不同生活场景，重点开发适老化家电、家具、洗浴装置、坐便器、厨房用品等日用产品以及智能轮椅、生物力学拐杖等辅助产品，推广无障碍产品的创新研发。

第二，促进老年用品科技化、智能化升级。

加强老年科技的成果转化。利用现有资金渠道，支持老年用品关键技术和产品研发、成果转化、服务创新及应用推广，促进产业创新。针对老年人的生理特征，发展健康促进类康复辅助器具，推动健康老龄化的发展。

第三，创新养老理财产品，优化老年金融服务。

明确银行等金融机构为老年人提供养老金融教育的社会责任，将养老金融理念融入金融机构养老金融产品的设计、投资或投后管理等各个环节。注重收益稳定性金融产品的开发，满足老人投资养老的特殊需求（杨金日，2021）。破除现有的社会经济参与对老龄的歧视，重新认识老年人作为消费者的社会角色。

（三）加强投资理财宣传与教育，树立科学的投资理财观念

第一，引导老年群体树立科学的投资观念。

调查中约三成的老年人没有任何投资理财活动，投资理财的意识有待加强。应加强对投资理财的宣传，增加老年人对投资理财意义的认识。老年人可以通过合理的投资理财，增加个人积蓄，实现养老资金保值增值，减轻家庭和社会养

老负担。

第二,加强金融消费和投资理财的宣传与教育,谨防投资理财诈骗。

提高老人对多元化金融商品和养老理财产品的认识和了解,避免老年人出现不知道如何选择投资产品或盲目投资的情况提高老年人对各种投资理财的风险认知,基于自身的经济实力进行科学合理的投资理财。鼓励老年人结合养老计划进行合理投资理财,将自己的资金分为应急备用、日常开销、投资理财几部分,确定自己的投资目标以及风险偏好(陆岷峰、徐阳洋,2019)。在此基础上,加强老年人对基本投资策略和投资规律理论知识的学习,以稳健为先,进行多种形式的投资理财活动。在投资理财活动中,警惕高收益或非正规渠道的理财产品,谨防投资诈骗行为。

第三,改善老年人投资理财的市场环境。

老年群体在投资理财中容易遭受金融诈骗,良好的市场环境有利于保障老年人的投资理财安全。建议发挥政府的监督与主导作用,制定保障老年人理财相关的法律法规,严厉打击理财诈骗活动。鼓励服务于老年人的金融行业发展,为老年人建立服务窗口,通过多渠道为老年人提供理财投资信息(方志军 等,2022)。

(四)完善市场监管制度,加强政策支持

老年群体在投资理财中容易遇到金融诈骗行为,完善市场监管体制是保障老年人投资理财安全的制度保障。政府发挥需要的监督与主导作用,加强政策法律支持。首先要制定保障老年人投资理财安全的法律法规,严厉打击理财诈骗活动,改善老年人投资理财的市场环境。鼓励服务于老年人的金融行业发展,引导企业承担社会责任参与银发经济活动。

金融机构应开发符合老年人特点的支付、储蓄、理财、基金等养老金融产品,提高老年人消费投资的积极性。增加老年人获取投资理财信息的渠道,加强对合理投资理财、谨防投资诈骗的宣传教育。创新老年金融产业的升级,建立专门的老年服务窗口,不断提升涉老服务产品提供的数量和质量。

# 第九节　全面把握老人旅游特征，
# 推进银发旅游供给侧改革

## 一、发展银发旅游产业的必要性

国家将旅游产业定位为国民经济的战略性支柱产业，而中共中央、国务院在《关于加强新时代老龄工作的意见》中提出，要开发老年旅游产品和线路，提升老年旅游服务质量和水平。由于老年人在身体状况、方式偏好、消费需求等方面的特殊性，目前对老年旅游市场的开发仍需探索。

根据对长三角老年人的调查可发现，长三角地区银发旅游市场具有广阔的开发前景，因此根据试调查可以了解上海市老年人的旅行特征，从而利于根据实际情况，从供给侧着手推动银色旅游业的进一步发展、提供优质服务来丰富上长三角地老年人的晚年生活，并将这一产业的发展融入城市更新和乡村振兴之中，进而促进全国旅游业和银发经济的发展。

## 二、老年群体旅游特征现状及面临问题

（一）上海老年群体自身特征及旅游特征

第一，身体状况自认相对较好。

以旅游为目的的老人以低龄为主，身体状况相对较好，大部分老年人认为自己身体状况和同龄人相比差不多或者更好。

老年人的身体状况总体较好，自我认知健康也较好，但体检次数频率各不相同，仍有部分老年人体检次数较少，对自身身体状况相对缺乏认知。

第二，出行方式选择具有多样性，但较少利用网络购票。

大数据显示，老年人最近到本市以外的出行主要交通方式是旅游巴士、高铁

（G 字头）和飞机，而外地出行选择出租车（含网约车）和租车自驾出行等交通方式的比重均不足 1.0% 。可见老年人对交通工具的选择具有多样性，同时值得注意的是在互联网快速发展的背景下，仅有少量老人会通过互联网购买火车票或机票。

第三，旅游地选择考虑因素较多，但仍有较强的偏好性。

老年人在选择旅游目的地时，旅游目的地的知名程度、对其的期待程度、设施的完善程度及距离远近是老人选择旅游目的地重点考虑因素的重中之重。综合上述考虑因素和老人以休闲旅行、观光度假和亲近自然为主的旅行目的，他们更喜爱自然山水类、名胜古迹类和乡村小镇类景观。

可见，老年人的旅游目的地的选择受多种因素影响，但具有明显的偏好性，即喜爱自然山水类、名胜古迹类和乡村小镇类景观。

（二）老年人在旅游中存在的问题

第一，基础设施适老化水平不足，老年群体出行安全便利程度不高。

根据老年人的身体状况特征和出行方式特征可知，尽管出行旅游的老年人以低龄老人为主，身体状况相对较好，但老年旅游者由于自我保护能力较弱、自身认知不一定正确，所以对旅游安全和医疗保健方面的需求仍很强烈，但目前旅游中的安全和健康仍存在护理人才不足、应急医疗通道不够畅通等问题，这在一定程度上限制了老年人的出行、打击了老年人的出行意愿。同时在旅游巴士、高铁、飞机等出行方式的适老化发展水平仍不足，老龄设施不足，尤其在购票上，老年人难以掌握互联网购票技术，出行便捷程度仍不高。

第二，市内老年特色旅游资源开发不足，长三角旅游一体化仍待加强。

根据老年人倾向于省外的旅游选择偏好可知，上海市内的旅游资源开发尚不足。而在外省市的旅游中，老年群体往往可能更倾向于距离较近的长三角范围内城市，因此仍需在长三角一体化背景下进一步开发、配置旅游资源，促进老年旅游业的协同一体化发展。

第三，老年人旅游陪伴人员缺失，银发旅游业专业人才培养全面性不高。

根据老年人组团结伴的旅游方式特征可知,老年人大多不会单独出游,而在家人难以抽空陪伴、朋友多为同龄老人的当下,也更需要专业人才进行陪同。银发旅游产业的专业人才既需要掌握医疗护理知识,有需要掌握旅游陪同知识,因此在培养方面尚存在专业化水平不高、素质培养不够全面等问题,故难以提供更好的服务。

第四,银发旅游企业发展信心不足,供给市场秩序仍待加强构建。

根据老年人组团结伴的旅游方式特征可知,旅行社的发展对老年旅游行业发展意义重大。但由于老年旅游的收益率较低,所以商业性的旅游企业往往会缩减对老年旅游产品的投入,从而导致供给质量不高,因此需要调动旅游企业发展老年旅游的积极性。此外,在老年旅游市场中仍存在部分供给质量较差、甚至存在欺诈现象,阻碍了银发旅游业的发展。

### 三、推进供给侧结构性改革,发展银发旅游产业

推进供给侧结构性改革是推动银发旅游产业的核心所在,而在党的二十大中也再次强调了供给侧结构性改革的重要性,而银发旅游产业的供给侧结构性改革则需要注重结合老年人的个人特征和旅游特征,其中完善基础设施及体系构建是基础保障、开发旅游资源是前提条件、培养专业人才是重要环节、推进相关企业发展是有利推手。

(一)提高基础设施适老化水平,保障老年人出行安全

第一,完善交通网络,推进交通方式适老化。

一是在推动市内城市交通及乡村路网完善的同时,协同构建长三角的交通网络。二是推进旅游地交通方式的适老化发展,包括稳步推进公共场所设施的无障碍改造,如高铁站、旅游巴士车站和机场内建设老年友好交通设施和服务机构,从而便捷老人的出行。三是在推进线上购票方式向老人普及的同时也仍需保持线下购票方式的存在。

第二,完善医疗系统,建立应急服务体系。

一是建立老年旅游医疗系统,需推进医疗护理和旅游的融合发展,为老年旅

游配备专业的随团医生以及先进的在线医疗设备,照料行动相对不方便的老年人(季战战、武邦涛,2018)。二是构建应急服务体系,健全突发情况应对措施体系,主要是应对常见应急疾病等突发事件,贯通老年绿色医疗通道,方便老年人及时就医,从而解决老年人外出旅游的安全之忧。

(二)开发市内老年人旅游资源,拓展长三角一体化

第一,开发市内旅游资源,实现人与自然、城市与乡村的和谐。

结合老年群体旅行目的和影响因素,对市内旅游资源的开发除了完善基础设施、构建"15分钟旅游圈"等缩短实际交通距离外,也需要加强对上海自然山水类、名胜古迹类和乡村小镇类景观的开发。一方面对顾村公园、豫园、朱家角古镇等4A景区的开发要协调人与自然的关系;另一方面对上海郊区乡村风貌的开发坚持城乡融合,促进自然山水与现代化国际大都市风貌和谐共生。

第二,以上海为核心建立区域合作机制,推动长三角旅游一体化发展。

借鉴珠三角旅游合作模式和京津冀旅游协同发展策略,并结合《长江三角洲区域一体化发展规划纲要》的指导,一方面需要建立区域合作机制,即通过共享旅游资源、共拓旅游市场、共建信息平台、共宣合作品牌等方式来实现旅游产业互补合作,同时推动支持政策、标准规范和要求等的一体化;另一方面需要发挥上海的辐射带动作用,以开拓上海银发旅游市场为核心,可依托异地养老机构等开展老年旅游活动。

(三)培养老年旅游专业人才,提高陪伴的服务质量

第一,构建培养机制,提高人才专业化水平。

借鉴其他旅游产业如乡村旅游等人才培养机制,需要构建具备老年旅游特色的人才培养机制。因此一方面需要对老年旅游进行完备的学科体系构建,打造交叉融合学科,整合老年医学和旅游结合的教育和科研资源,培养高水平研究性人才;另一方面需要构建系统性、全要素、专业化的人才培养计划。

第二,完善激励机制,提高对人才的吸引力。

一方面需要提高对专业人才的吸引,包括落实就业扶持措施、健全晋升通

道、提供较高的薪酬补贴等来提高这一产业对人才的吸引力。另一方面,健全评价标准和激励体制,完善表彰激励措施来增强职业荣誉感,并通过树立榜样形成示范带动效应,进一步提升吸引力,并留下这些专业人才。

（四）制定政策并实施调控,推动旅游企业有序发展

第一,制定激励政策,增强企业发展信心。

在税收政策上,主要包括实施针对发展老年旅游的企业实施税收减免、低息与免息,如对研发投入、老龄产业再投入等的费用进行扣除和减免等。在财政政策上,对老年旅游增加专项预算,在上海市旅游发展专项资金中增加对老年旅游的支持,同时也需要进行效果评估,实现专款专用。在金融政策上可对银发旅游相关企业提供融资平台,扶持中小企业。

第二,实施宏观调控,管控老年旅游市场。

一方面需要完善老年旅游行业的准入规范与行业标准,设置"负面清单",从而推动老年旅游行业服务的标准化、规范化发展,也需要完善针对老年旅游市场的规章制度,填补空白从而推动形成健康的市场竞争机制;另一方面需要严格查处非法经营业务和诈骗行为,明确各部门职责,形成整治合力并建立长效机制,净化老年旅游市场环境。

# 第七章　结论与讨论

## 第一节　结　论

　　长三角地区作为中国经济社会发展的先行地区,人口转变最早,人口老龄化问题严峻。受地区经济发展水平高低、人口增减、资源禀赋差异、家庭结构转变及孝道文化变迁等影响,长三角地区老年人口的养老问题及养老服务状况千差万别。本研究主要基于第五至第七次全国人口普查数据、地方统计年鉴及地球大数据,综合运用老年泰尔指数、人口集聚度、空间聚类分析、冷热点分析、灰色关联法、耦合度模型、耦合协调模型、时空地理加权回归模型(GTWR)等方法,利用 GIS 软件,从空间视角和供需平衡视角,分析 2000—2020 年长三角地区人口老龄化程度的时间演化、空间格局及差异特征,揭示长三角市域尺度养老服务资源的空间布局规律及其非均衡性,综合评价 2020 年长三角区域、市域等不同尺度养老服务资源的空间配置及其与老年人口的耦合关联性,探讨长三角地区老年人口与养老服务资源的空间差异及其空间匹配关系,揭示长三角老年人口与养老服务资源配置的空间分布规律,分析老年人口与养老服务资源配置的匹配关系与划分类型,提出在长三角一体化进程中长三角养老服务资源配置优化路径以及养老服务合作发展的政策建议。聚焦愿意异地养老的老年人,重点分析其异地养老的障碍,提出长三角一体化背景下上海老年人异地养老的提升路径,以期为中国老年人口分布与养老服务资源配置的进一步深入研究提供参考,为统筹养老服务资源布局、实现养老地区均衡发展与资源充分有效利用提供实证依据,为推进长三角养老一体化发展提供决策建议,为打破行政区划、利用区域联动一体化解决特大城市养老问题提供科学的探索经验。同时,本研究可以丰富养老服务均衡发展、可持续发展、资源共享以及区域一体化等理论内涵,为老年学发展奠定理论基础,为以交叉学科视角研究老龄问题提供实证依据。本研究有利于实施积极应对人口老龄化战略,加快推进上海老年人在长三角区域内异地养老,实现从"地域性""碎片化"老龄社会治理模式向"联动性""一体化"老龄社会治理模式转变。

(1)长三角地区养老需求(老年人口)的时空分异空特征为:①在省域方面,长三角省域老龄化空间差异扩大,区域间差异与江苏内部差异较大。长三角地区已经进入人口老龄化加速发展阶段,老龄化速度超过常住人口增速与全国人口老龄化增速;低龄老人规模的增长远远超过高龄老人,人口老龄化过程中出现了低龄老人比重提高的特点;人口流入省市常住人口老龄化程度低于户籍人口老龄化程度,人口流出省市常住人口老龄化程度高于户籍人口老龄化程度;户籍人口老龄化程度省市间差距较大,上海程度最高、增速最快,安徽最低,而江苏、浙江较为相近;人口寿命延长伴随居住方式变化导致纯老家庭和独居老人比例增加,失能半失能比例也在上升。②在市域方面,长三角市域以老龄化中度阶段为主、初级阶段为辅,处于重度老龄化阶段的南通与泰州需在养老服务资源配置时适当倾斜;上海老年人口聚集度远高于其他地区,上海老年人养老需求远高于其他地区;南通、盐城、泰州以及扬州等热点地区的养老需求较大,合肥、金华及苏州等冷点地区养老需求相对较小。③在县域方面,长三角县域老龄化系数与老少比整体上升,且范围不断扩大;长三角县域人口老龄化差异明显,且呈扩大趋势;长三角县级单元人口老龄化存在集聚现象,但集聚程度明显减弱;长三角县级单元老龄化系数和老少比空间集聚类型均以高高集聚和低低集聚为主;长三角县级单元老龄化系数和老少比水平热点区以东部为主,北部和南部为冷点区。④从市域城、镇、乡方面看,长三角市域城、镇和乡的老年人口比重普遍增加,乡村增幅明显高于城、镇。长三角地区市域老龄化程度乡村>镇区>城区,2000—2020年,城区、镇区、乡村分别由不足四成、一半及超九五成老龄化初级阶段转变为超八成老龄化初级阶段、超三成老龄化中度阶段及超六成老龄化重度阶段;长三角地区老龄化空间差异显著,泰尔系数从2000年的0.0142上升到2020年的0.0195,组间的贡献率始终高于组内贡献率,说明长三角地区的人口老龄化差异不断扩大主要是由组间差异造成的。长三角地区市域老龄化形成东部和中部高的格局,城区老龄化形成东高南低的格局,镇区和乡村形成中部高、南北低的格局;老龄化全局空间自相关除乡村保持增长外,城区和镇区先增后减。老龄化高高集聚地区均分布在东部,镇区不存在低低集聚地区,城区和乡村低低集聚地区分布在西北部;长三角市域老龄化热点区分布均维持在东部,冷点区除乡村保持在西北部外,城区和镇区均由北部集中向南北分布演变;人口自然增长的减缓推动人口老龄化且作用趋于增强,社会经济因素城乡差异明显。长三角市域城区老龄化驱动机制由东西分异向南北分异转变。镇区老龄化人口因素、经济发展水平由东西分异向南北分异转变,医疗卫生水平、受教育水平、自然条件保持南北分异,城镇化水平保持东西分异,乡村老龄化驱动机制作用在西北部地区和东部地区。

(2)长三角地区养老供给(养老服务资源)的空间配置特征为:养老服务资源空间差异大,①在养老保障资源方面,南通、泰州等地养老保障供给严重不足,湖州等地养老保障资源最多,上海属于中等。南京、上海、湖州等地养老保障供给差异最大,铜陵等地差异最小。②在生态环境服务资源方面,南通、盐城等地生态环境服务资源供给不足,黄山、舟山、南京等地区的生态环境服务资源相对最多。③在经济保障资源方面,经济欠发达的六安等地经济保障资源供给严重不足,经济发达的上海等地经济保障资源相对最高,南通、泰州等地经济保障资源属于中间类型。④在医疗服务资源方面,南通等地医疗服务资源供给严重不足,杭州等地医疗服务资源最多,上海医疗服务资源属于中间类型。

(3)长三角地区老年人口与养老服务资源配置的匹配关系:长三角区域老年人口与养老服务资源的总体耦合作用较强,市域尺度上全区域划分为三种类型,其中较高耦合关联区囊括了长三角超一半的市域,广泛分布于该区域的东南部、南部与北部,中等耦合关联区主要集聚于该区域的东部和西部,高关联区仅徐州和连云港两地,其老年人口与养老服务资源耦合作用极强,但只能说明该区域两者关联非常密切,至于是协调耦合还是两者矛盾极大尚需进一步研究其匹配关系。各项具体养老服务资源与老年人口的匹配关系:①养老保障资源与老龄化的耦合长三角养老保障资源与老龄化以中、高耦合(中级适配、高度适配)类型为主,但南通、泰州等地养老保障资源与老龄化高度不耦合(严重错配),湖州、南京等地中度耦合(中级适配),上海、常州等地高度耦合(高度适配)。②长三角地区生态环境服务资源与老龄化以高度耦合类型为主,但南通、泰州、金华、杭州等地高度不耦合(严重错配),湖州、南京等地低度耦合(勉强适配),苏州、上海、常州等地高度耦合(高度适配)。③长三角地区经济保障资源与老龄化以中度耦合(中级适配)为主,分布在无锡、湖州、扬州、镇江等地,杭州等地高度不耦合(严重错配),上海、南京、南通、泰州等地低度耦合(勉强适配),常州、徐州、蚌埠等地经济保障资源与老龄化高度耦合(高度适配)。④长三角地区医疗服务资源与老龄化以高度耦合(高度适配)为主,如上海、湖州、嘉兴等,但金华、六安、杭州等地医疗服务资源与老龄化高度不耦合(严重错配),南通、泰州等地医疗服务资源与老龄化不耦合(一般错配),苏州等地低度耦合(勉强适配),黄山、舟山等地医疗服务资源与老龄化中度耦合(中度适配)。

(4)长三角地区养老服务资源空间配置优化对策:加强长三角区域养老服务资源优化配置的顶层设计包括完善养老服务资源优化配置制度、养老服务资源优化配置的组织保障以及养老服务资源优化配置的人员保障。长三角一体化进程中养老服务资源配置优化分为本地养老和异地养老两种情况,针对老年人本地养老,提出加强养老服务合作、调节养老服务资源在空间上的配置,逐步实现长三角养老服务一体化相关标准的统一,建立长三角养老服务业信息提供和服务管理综合平台,加快养老产业发展,提升智慧养老服务水平等政策建议。针对异地养老,提出优化养老服务资源配置的路径:引导老年人向养老服务资源丰富且老龄化程度较低的地区转移并进行异地养老;建立多部门联动机制,推进长三角区域协作;推进长三角异地医保服务一体化,加强医疗服务资源空间合理配置;加强区域养老数据信息共享,推行多项便民便捷服务;推进"沪—昆"一体化养老合作模式试点工作。

(5)长三角一体化战略下人口老龄化应对策略:第一,长三角地区不同尺度人口老龄化应对策略:①长三角区域尺度上,推动区域一体化联动合作,完善长三角政策顶层设计,实现从"碎片化"向"一体化"治理的转变。②在省域尺度上,安徽省应保障生育支持措施的落实,引导人口回流,加快老龄产业发展,吸纳江浙沪老年人口;上海市应推进生育政策,提质老龄产业,培育养老服务人才;江苏省和浙江省应提升人才引进力度和人口出生率。江浙沪应发挥优势,向安徽提供资源,缓解老龄化压力。③在市域尺度上,长三角各城市应发展经济、加大人才引进力度以均衡老龄化空间差异,满足养老需求。优化养老服务体系,依据老年人口集聚度改善设施配置。不同城市人口结构差异大,应采取不同对策应对老龄化。推进城市更新,提高人居环境品质,构建老年友好城市。④在县域尺度上,推进以县域为主体的新型城镇化建设,引导人口均衡流动,加强生育支持和医疗保障,以延缓老龄化进程。优化养老服务,鼓励企业和社会主体参与,完善养老金调整机制和其他社会保障制度的衔接,确保老年人老有所养。同时,发动经济外溢效应,为养老服务发展提供支持。⑤在城、镇、乡尺度上,以城带镇,以镇带乡推动经济发展,提高教育水平,推动人口高质量发展。完善养老和医疗保障服务,尤其以乡镇为重点,保护生态环境,优化老年人口生活环境。上海市老年人异地养老存在的障碍主要有:①行政区划分割严重,阻碍上海老年人流动。首先,长三角区域医保政策衔接不足,缺乏统一标准,老年人异地操作困难。

其次,医疗服务资源分配不均衡,信息资源共享存在壁垒。最后,长三角区域内信息资源管理平台尚未完善互通,仍存在壁垒。②市场上养老产品同质化严重,缺乏专业养老服务人才。③老年人心理观念和身体机能特殊性阻碍老年人流动。第二,加快推进上海老年人在长三角区域内异地养老的应对策略,在法律法规方面,健全异地养老法律体系,提供制度保障,加大宣传力度,转变传统养老思想;积极推动养生休闲、疗养度假型及落叶归根型养老模式发展,以美好的养老环境吸引老人进行异地养老。第三,帮助老年人跨越"数字鸿沟"、提高互联网利用率。第四,促进老人社会参与和交往,推动医疗适老化改革,推动积极老龄化和健康老龄化。第五,关注丧偶老人及老年人家庭关系,降低老年人孤独感提高幸福感。第六,实现老年人经济来源多样化,增强抵御老年贫困风险能力。第七,促进银发经济发展,推动合理消费投资。第八,全面把握老人旅游特征,推进银发旅游供给侧改革。

# 第二节　讨论与不足

本研究可能存在一些研究局限。具体如下:

首先,在指标选取和数据查找方面受数据可获得性的限制,驱动机制的指标选取尚存在不足,未来需要结合交通条件、自然因素、养老保险参保人数等指标,深入探讨多维度和微观层面的机制,从而更好地揭示长三角地区不同尺度人口老龄化时空演变规律。

其次,在老年人口的更替性与养老服务资源的更新方面,本研究已考虑到老年人口更替会对养老服务资源产生新的影响,兼顾到伴随社会结构变化而产生的老年人口整体的变化,将生态环境引入养老服务资源中,老年人居住环境生态化、对生态环境服务资源的需求日益增长,因此本研究在进行养老服务资源时亦重点分析了长三角市域生态环境服务资源及其与老年人口的匹配关系和空间耦合关联,但老年人对于社会的需求已从基本维持生活逐渐转变到要求健康长寿,从依赖年轻人逐渐转变到要求参与社会,从物质需求逐渐转变到精神需求,由于数据等原因而未对老年人的精神文化资源(例如长三角各市域万名老人拥有服务业人员等)进行详细探讨,有些遗憾,今后有机会可进一步研究。

# 参考文献

[1]曹广忠,陈思创,刘涛.中国五大城市群人口流入的空间模式及变动趋势[J].地理学报,2021,76(06):1334－1349.

[2]曹文莉,张小林,潘义勇,等.发达地区人口、土地与经济城镇化协调发展度研究[J].中国人口·资源与环境,2012,22(02):141－146.

[3]柴效武.养老资源探析[J].人口学刊,2005,02:26－29.

[4]柴彦威,田原裕子,李昌霞.老年人居住迁移的地理学研究进展[J].地域研究与开发,2006,03:109－115.

[5]陈明华,仲崇阳,张晓萌.中国人口老龄化的区域差异与极化趋势:1995—2014[J].数量经济技术经济研究,2018,35(10):111－125.

[6]陈盛淦.随迁老人城市适应影响因素的实证研究[J].福建农林大学学报(哲学社会科学版),2015,18(06):70－73＋83.

[7]陈卫,宋健.中国人口的年龄性别结构[J].人口研究,2006,02:84－88.

[8]陈友华.中国养老制度设计问题与认识反思[J].江苏行政学院学报,2012,03:59－66.

[9]陈玉洁,袁媛,周钰荃,等.蓝绿空间暴露对老年人健康的邻里影响——以广州市为例[J].地理科学,2020,40(10):1679－1687.

[10]陈正.陕西省人口与经济社会协调发展评价研究[J].统计与信息论坛,2006,01(05):10-14.

[11]程叶青.东北地区粮食单产空间格局变化及其动因分析[J].自然资源学报,2009,24(09):1541-1549.

[12]邓聚龙.灰色系统基本方法[M].武汉:华中理工大学出版社,1987.

[13]丁志宏,黄显山,龚文正,等.家庭代际支持对城市老年人异地养老意愿选择的影响研究[J].人口与发展,2017,23(04):96-103.

[14]丁志宏,姜向群.北京城市老人异地养老意愿的实证分析[J].人口与发展,2011,17(06):65-69+22.

[15]董红亚.非营利组织视角下养老机构管理研究[J].海南大学学报(人文社会科学版),2011,29(01):41-47.

[16]杜鹏,翟振武,陈卫.中国人口老龄化百年发展趋势[J].人口研究,2005,06:92-95.

[17]杜鹏,韩文婷.互联网与老年生活:挑战与机遇[J].人口研究,2021,45(03):3-16.

[18]杜鹏,王武林.论人口老龄化程度城乡差异的转变[J].人口研究,2010,34(02):3-10.

[19]樊杨艳.老年人就医机构选择行为的影响因素研究[D].太原:山西医科大学,2022.

[20]方志军,桂靖,周智锋.老龄化背景下老年人理财现状、问题及对策研究——以湘潭市为例[J].现代商业,2022,01:116-119.

[21]冯宠.农村随迁老人异地养老问题研究[D].长春:长春工业大学,2018.

[22]高晓路,吴丹贤,颜秉秋.北京城市老年贫困人口识别与空间分布[J].地理学报,2020,75(08):1557-1571.

[23]关信平,赵婷婷.当前城市民办养老服务机构发展中的问题及相关政策

分析[J].西北大学学报(哲学社会科学版),2012,42(05):52-56.

[24]桂世勋,陈杰灵.新中国70年人口平均预期寿命增高的特点、原因及未来举措[J].人口与健康,2019,09:31-39.

[25]郭素玲,陈雯.一体化背景下长三角城市公共服务的空间差异研究[J].上海城市规划,2020,153(04):15-19+38.

[26]郭远智,周扬,韩越.中国农村人口老龄化的时空演化及乡村振兴对策[J].地理研究,2019,38(03):667-683.

[27]韩莉.加快推进老年人门诊就医便民服务民生工程[J].人口与健康,2022,07:52.

[28]何惠亭.代际关系视角下老漂族的城市适应研究[J].前沿,2014,Z9:157-161.

[29]何清,陈楠,张开洲.基于GWR模型的福建县域人口老龄化影响因素分析[J].贵州大学学报(自然科学版),2014,31(05):129-135.

[30]何铨,张湘笛.老年人数字鸿沟的影响因素及社会融合策略[J].浙江工业大学学报(社会科学版),2017,16(04):437-441.

[31]何阳.异地养老的文化困境及消解——以中国传统养老文化为切入点[J].广西社会科学,2016,06:202-206.

[32]胡宏伟,李佳怿,张澜,等.医保分割下的异地老年人就医损失评估与化解[J].广西经济管理干部学院学报,2015,27(01):14-22.

[33]胡湛,彭希哲.应对中国人口老龄化的治理选择[J].中国社会科学,2018,12:134-155+202.

[34]黄晨熹.老年数字鸿沟的现状、挑战及对策[J].人民论坛,2020,(29):126-128.

[35]黄润龙.长三角城市群的经济发展与人口迁移老龄化[J].现代经济探讨,2011,12:34-38.

[36]季战战,武邦涛.聚焦老年旅游需求的供给侧创新问题研究——以上海

地区为例[J].上海管理科学,2018,40(03):58 - 62.

[37]姜磊,陈星宇,朱竑.中国城市养老院的空间分布特征及其分异成因[J].地理学报,2021,76(08):1951 - 1964.

[38]姜向群,季燕波,常斐.北京市老年人异地养老意愿分析[J].北京社会科学,2012,02:33 - 37.

[39]姜向群.对"异地养老"的概念及其实践活动的质疑[J].人口研究,2006,04:39 - 42.

[40]姜玉培,甄峰,孙鸿鹄,等.健康视角下城市建成环境对老年人日常步行活动的影响研究[J].地理研究,2020,39(03):570 - 584.

[41]靳诚,陆玉麒.基于县域单元的江苏省经济空间格局演化[J].地理学报,2009,64(06):713 - 724.

[42]景义新,孙健.数字化、老龄化与代际互动传播——视听新媒体环境下的数字反哺分析[J].当代传播,2020,04:98 - 101 + 105.

[43]柯成韵.万元"特效药",只值几十元!上海警方破获80多起保健品诈骗案.央视财经,2022.https://mp.weixin.qq.com/s/RhpODfiUC2tqPF8ryx3Z9g

[44]雷慧敏,叶长盛.江西省人口老龄化县域差异及其影响因素[J].地域研究与开发,2016,35(02):170 - 174 + 180.

[45]李兵,张恺悌,王海涛,等.关于基本养老服务体系建设的几点思考[J].新视野,2011(01):66 - 68.

[46]李二玲,崔之珍.中国区域创新能力与经济发展水平的耦合协调分析[J].地理科学,2018,38(09):1412 - 1421.

[47]李芳林,臧凤新,赵喜仓.江苏省环境与人口、经济的协调发展分析——基于环境安全视角[J].长江流域资源与环境,2013,02(07):832 - 837.

[48]李芬.我国老年人异地养老动力机制分析[J].安徽师范大学学报(人文社会科学版),2016,44(02):181 - 186.

[49]李日邦,王五一,谭见安,等.我国人口老龄化发展的阶段、趋势和区域

差异[J].地理研究,1999,02:2-10.

[50]李秀丽,王良健.我国人口老龄化水平的区域差异及其分解研究[J].西北人口,2008,06:104-107+111.

[51]李扬,刘慧,金凤君,等.北京市人口老龄化的时空变化特征[J].中国人口·资源与环境,2011,21(11):131-138.

[52]李雨潼,曾毅."候鸟式"异地养老人口生活现状研究——以海南省调查为例[J].人口学刊,2018,40(01):56-65.

[53]梁金刚,杨慧.国际经验视角下我国城市分级诊疗体系成效研究[J].行政管理改革,2022,09:88-95.

[54]林宝.老年群体数字贫困治理的难点与重点[J].人民论坛,2020,29:129-131.

[55]林琳,马飞.广州市人口老龄化的空间分布及趋势[J].地理研究,2007,05:1043-1054.

[56]林艳伟,王婷仙,褚成静.社会接触对于老年人参加社区免费体检服务的影响分析[J].广东医科大学学报,2021,39(05):566-571.

[57]刘冠男.中国城市养老资源配置问题研究:以西安市为例[D].西安:西北大学,2014.

[58]刘鉴,杨青山,张郁,等.东北三省县级尺度人口老龄化空间格局演变及类型划分[J].地理科学,2020,40(06):918-927.

[59]刘佩瑶.老年人口迁移问题综述[J].经济与社会发展,2015,13(01):80-82.

[60]刘睿文,封志明,游珍.中国人口集疏格局与形成机制研究[J].中国人口·资源与环境,2010,20(03):89-94.

[61]刘爽.对中国区域人口老龄化过程的思考[J].人口学刊,1997,03:33-40.

[62]刘思峰,郭天榜.灰色系统理论及其应用[M].郑州:河南大学出版

社,1991.

[63]刘涛,彭荣熙,卓云霞,等.2000—2020年中国人口分布格局演变及影响因素[J].地理学报,2022,77(02):381-394.

[64]刘涛,齐元静,曹广忠.中国流动人口空间格局演变机制及城镇化效应——基于2000和2010年人口普查分县数据的分析[J].地理学报,2015,70(04):567-581.

[65]刘奕,李晓娜.数字时代老年数字鸿沟何以跨越?[J].东南学术,2022,05:105-115.

[66]刘志刚,李红.西部城镇退休职工跨地区医疗的困境及对策[J].管理观察,2014,31:174-176.

[67]鲁金萍.如何推动政企数据双向共享[J].服务外包,2022,03:66-68.

[68]陆杰华,郭芳慈.数字时代弥合老年人数字鸿沟[J].北京观察,2021,04:14-15.

[69]陆杰华,韦晓丹.老年数字鸿沟治理的分析框架、理念及其路径选择——基于数字鸿沟与知沟理论视角[J].人口研究,2021,45(03):17-30.

[70]陆岷峰,徐阳洋.老年群体投资理财行为偏差及矫正措施研究[J].吉林师范大学学报(人文社会科学版),2019,47(05):115-124.

[71]罗庆成,徐国新.灰色关联分析与应用[M].南京:江苏科学技术出版社,1989.

[72]吕丹娜,李延宇,丁玉乐,等.老年人异地养老的意愿调查及其影响因素研究——基于京津冀地区的研究[J].现代经济信息,2013,05:310-313.

[73]马玉娜,顾佳峰."空间—制度"互动与公共福利资源配置:以机构养老为例[J].北京大学学报(哲学社会科学版),2018,55(01):124-132.

[74]穆光宗.中国传统养老方式的变革和展望[J].中国人民大学学报,2000,05:39-44.

[75]穆光宗.中国机构养老发展的困境与对策[J].华中师范大学学报(人文

社会科学版),2012,02:31 – 38.

[76]宁玉梅.进城老人的社会排斥与整合社工介入探讨[J].学理论,2013, 27:87 – 89.

[77]彭希哲,胡湛.公共政策视角下的中国人口老龄化[J].中国社会科学, 2011,03:121 – 138 + 222 – 223.

[78]彭希哲.让老年群体愿意消费、愿意投资[N].上海证券报.2022.

[79]彭希哲,陈倩.中国银发经济刍议[J].社会保障评论,2022,6(04): 49 – 66.

[80]钱旦旦.上海市户籍老年人异地养老意愿及影响因素研究[D].上海: 华东师范大学,2018.

[81]上海市人民政府.上海市老龄事业发展"十四五"规划[EB/OL]. [2021-6-3].https://wsjkw.sh.gov.cn/zdjcgk/20210616/57795faf739144be8f9d70 00823723fa.html

[82]宋媛.大连异地养老社会服务体系的构建及对策研究[D].大连:辽宁 师范大学,2018.

[83]孙蕾,常天骄,郭全毓.中国人口老龄化空间分布特征及与经济发展的 同步性研究[J].华东师范大学学报(哲学社会科学版),2014,46(03):123 – 132 + 155 – 156.

[84]孙茂龙.长三角城市群人口老龄化时空变化分析[J].工业建筑,2014, 44(S1):131 – 134 + 189.

[85]谭姝琳,贾向丹.我国人口老龄化地区差异的聚类分析[J].黑龙江对外 经贸,2011,06:68 – 70.

[86]谭英花.上海机构养老资源配置研究[D].上海:上海工程技术大 学,2014.

[87]汤爽爽,周婧,邓颖慧,等.江苏省流动人口城—镇—乡分布的时空分异 与影响因素[J].地理学报,2022,77(12):3055 – 3071.

[88]唐丽娜.中国农村养老资源配置研究[D].西安:西北大学,2012.

[89]陶涛,王楠麟,张会平.多国人口老龄化路径同原点比较及其经济社会影响[J].人口研究,2019,43(05):28-42.

[90]田雪原.人口学[M].杭州:浙江人民出版社,2004.

[91]汪艳.贵州开阳县"四措施"全面推进老年人体检工作[J].人口与健康,2022,08:58.

[92]王广州.新中国70年:人口年龄结构变化与老龄化发展趋势[J].中国人口科学,2019,03:2-15+126.

[93]王红霞.乡村人口老龄化与乡村空间演进——乡村微观空间视角下的人口老龄化进程探究[J].人口研究,2019,43(05):66-80.

[94]王珏,陈雯.全球化视角的区域主义与区域一体化理论阐释[J].地理科学进展,2013,32(07):1082-1091.

[95]王莉莉.中国城市地区机构养老服务业发展分析[J].人口学刊,2014,36(04):83-92.

[96]王录仓,武荣伟,李巍.中国城市群人口老龄化时空格局[J].地理学报,2017,72(06):1001-1016.

[97]王录仓,武荣伟,刘海猛,等.县域尺度下中国人口老龄化的空间格局与区域差异[J].地理科学进展,2016,35(08):921-931.

[98]王青,叶衣广.中国区域城镇化发展差异及其分解[J].城市问题.2008,04:15-17.

[99]王树新."异地养老"应自由选择量力而行[J].人口研究,2006,04:42-46.

[100]王心羽.社会转型期政策视角下"老漂族"幸福指数研究[J].河北经贸大学学报,2017,38(06):78-83.

[101]王泽宇,孙然,韩增林,等.中国人口老龄化水平测度与空间关联研究[J].地域研究与开发,2013,32(03):138-143+153.

[102]文彦君,刘引鸽,邓昕.宝鸡市人口老龄化的空间特征及影响因素分析[J].宝鸡文理学院学报(自然科学版),2009,29(02):75-78.

[103]吴连霞,吴开亚.中国人口老龄化时空演化特征的比较分析——基于固定年龄与动态年龄指标的测算[J].人口研究,2018,42(03):51-64.

[104]吴连霞,赵媛,马定国,等.江西省人口与经济发展时空耦合研究[J].地理科学,2015,35(06):742-747.

[105]吴连霞,赵媛,吴开亚,等.中国人口老龄化区域差异及驱动机制研究[J].地理科学,2018,38(06):877-884.

[106]吴媛媛,宋玉祥,于婷婷.东北地区人口老龄化空间格局演变及影响因素研究[J].东北师大学报(自然科学版),2021,53(03):139-146.

[107]吴媛媛,宋玉祥.中国人口老龄化空间格局演变及其驱动因素[J].地理科学,2020,40(05):768-775.

[108]谢安.中国人口老龄化的现状、变化趋势及特点[J].统计研究,2004,(08):50-53.

[109]解韬,李昀东,张晶.长三角、珠三角地区人口老龄化时空变迁比较研究[J].人口与发展,2021,27(04):111-120.

[110]徐昀,徐彦.1928—2017年南京城市户籍人口时空格局演变[J].地理学报,2022,77(10):2439-2456.

[111]许爱花.社会工作视阈下的机构养老服务[J].江淮论坛,2010(01):128-133.

[112]许昕,赵媛,夏四友,等.中国分县城乡人口老龄化时空差异与机理[J].经济地理,2020,40(04):164-174.

[113]许昕,赵媛,张新林,等.中国县域高龄人口地域分异特征及环境成因[J].地理科学,2018,38(09):1449-1457.

[114]闫东升,孙伟,孙晓露.长江三角洲人口时空格局演变及驱动因素研究[J].地理科学,2020,40(08):1285-1292.

[115]阎萍.异地养老市场分析及对策建议[J].市场与人口分析,2006,03: 67－70.

[116]杨光辉.中国人口老龄化的发展趋势与特点[J].中国人口科学,2005, S1:155－159.

[117]杨金日.人口老龄化背景下的养老金融教育调查研究[J].金融经济, 2021,05:82－90.

[118]杨菊华,王苏苏,刘轶锋.新中国70年:人口老龄化发展趋势分析[J]. 中国人口科学,2019,04:30－42＋126.

[119]杨素雯.解决"数字鸿沟"问题需推进老年人信息素养教育[Z].老年 健康论坛,2022.

[120]杨一帆,潘君豪.老年数字鸿沟治理的一个分析框架[J].老龄科学研 究,2019,7(10):58－67.

[121]易卫华,叶信岳,王哲野.广东省人口老龄化的时空演化及成因分析 [J].人口与经济,2015,03:33－42.

[122]于蜀,陈扬乐.中国区域人口老龄化趋势、特征及其对策[J].华东师范 大学学报(哲学社会科学版),2000,03:94－98＋111－127.

[123]于潇,崔仟长.吉图开发开放先导区人口与经济协调发展研究[J].人 口学刊,2011,05:25－31.

[124]袁开国,刘莲,向云波,等.基于GIS的异地互动旅游养老目的地适宜 性评价[J].经济地理,2013,33(11):163－168.

[125]原新,金牛.中国老龄社会:形态演变、问题特征与治理建构[J].中国 特色社会主义研究,2020,(Z1):81－87.

[126]曾毅.中国人口老龄化的"二高三大"特征及对策探讨[J].人口与经 济,2001,05:3－9＋72.

[127]翟振武,陈佳鞠,李龙.2015—2100年中国人口与老龄化变动趋势 [J].人口研究,2017,41(04):60－71.

[128]翟振武.城乡一体化发展、削峰填谷、共同迎接人口老龄化挑战[J].人口研究,1996(05):54-61.

[129]张纯,曹广忠.北京市人口老龄化的空间特征及影响因素[J].城市发展研究,2007,(02):56-61.

[130]张开洲,陈楠.1990—2010年福建省县域人口老龄化时空演变特征及其驱动机制[J].地理科学进展,2014,33(05):605-615.

[131]张未平,范君晖.老年数字鸿沟的社会支持体系构建[J].老龄科学研究,2019,7(02):63-70.

[132]张文亮,张桐,赵东霞.国内老年人口分布与养老资源配置研究综述[J].老龄科学研究,2019,7(01):47-58.

[133]张晓青,李玉江.山东省人口老龄化空间分异及其形成机制研究[J].西北人口,2005,(06):32-35.

[134]赵东霞,韩增林,王利.中国老年人口分布的集疏格局及其形成机制[J].地理学报,2017,72(10):1762-1775.

[135]赵东霞.人口老龄化与养老资源配置[M].北京:科学出版社,2018.

[136]赵媛,吴连霞,杜志鹏.江苏省人口老龄化与区域经济发展关系研究[J].地理与地理信息科学,2015,31(03):87-91.

[137]郑咏文,杜红梅,林萍.人口老龄化对四川省医疗保健费用的影响研究[J].中国市场,2021,(21):11-12.

[138]郑玉清.增权赋能视角下开展老年教育的策略[J].高等继续教育学报,2019,32(04):76-80.

[139]中国互联网络信息中心.第50次中国互联网络发展状况统计报告[R].http://www.cnnic.net.cn/n4/2022/0914/c88-10226.html

[140]中国人民政府民政部."十四五"国家老龄事业发展和养老服务体系规划[EB/OL].[2021-12-30].https://www.mca.gov.cn/article/xw/mtbd/202202/20220200039833.shtml.

[141]中华人民共和国人民政府.长江三角洲区域一体化发展规划纲要[EB/OL].[2019-12-1].http://www.gov.cn/zhengce/2019-12/01/content_5457442.htm

[142]中华人民共和国人民政府.中共中央国务院关于加强新时代老龄工作的意见[EB/OL].[2021-11-18].http://www.gov.cn/zhengce/2021-11/24/content_5653181.htm

[143]周春山,童新梅,王珏晗,等.2000—2010年广州市人口老龄化空间分异及形成机制[J].地理研究,2018,37(01):103-118.

[144]周建平,刘程军,徐维祥,等.中国新型城镇化与城市医疗资源空间适配性研究[J].地理科学,2021,41(07):1168-1177.

[145]周榕,庄汝龙,黄晨熹.中国人口老龄化格局演变与形成机制[J].地理学报,2019,74(10):2163-2177.

[146]周婷婷.南京市养老机构现状分析与规划对策研究[D].南京:南京工业大学,2016.

[147]Akita,Takahiro. Decomposing regional income inequality in China and indonesia using two-stage nested theil decomposition method[J]. Annals of Regional Science,2003,37(01):55-77.

[148]Anselin L. ,Hudak S. Spatial econometrics in practice[J]. Regional Science and Urban Economics,1992,22(03):509-536.

[149]Anselin L. Interactive techniques & exploratory spatial data analysis[J]. Geographical Information Systems:Principles,Techniques,Management and Applications. 1999,01:253-266.

[150]Anselin L. Local indicators of spatial association:LISA[J]. Geographical Analysis,1995,27:93-115.

[151]Argent N. ,Tonts M. ,Jones R. ,et al. The amenity principle,internal migration,and rural development in australia[J]. Annals of the Association of American

Geographers,2014,104(02):305 – 318.

[152]Asher M. ,Bali A. S. Public pension programs in southeast Asia:an assessment[J]. Asian Economic Policy Review,2015,10(02):225 – 245.

[153]Bei L. ,John P. Meeting the migrant pension challenge in China[J]. Cesifo Economic Studies,2015,61(02):438 – 464.

[154]Bell C. Itinerant western retirees in S. E. Asia:emancipation through mobility[J]. Advance in Social Sciences Research Joural,2016,03(10):90 – 104.

[155]Bonenkamp J. ,Meijdam L. ,Ponds E. ,et al. Ageing-driven pension reforms[J]. Journal of Population Economics,2017,30(03):953 – 976.

[156]Champion T. ,Shepherd,J. Demographic change in rural England[A]. P. Lowe and L. Speakman,eds. The Ageing Countryside:the Growing Older Population of Rual England [C]. London:Age Concern,England,2006,39 – 50.

[157]Chen C. ,Goldman D. P,Zissimopoulos J. ,et al. Multidimensional comparison of countries' adaptation to societal aging. [J]Proceedings of the National Academy of Sciences,2018,115:9169 – 9174.

[158]Cohen S,Taylor L. Escape Attempts:The theory and practice of resistance to everyday life [M]. London:Routledge,1992.

[159]Cowgill D. O. Residential segregation by age in American metropolitan areas[J]. Journal of Gerontology,1978,33(03):446 – 453.

[160]Crosnoe R. ,Elder Jr G. H. Successful adaptation in the later years:a life course approach to aging [J]. Social Psychology Quarterly,2002,65(04):309 – 328.

[161]Fokkema T. ,Gierveld J. N. Big cities,big problems:reason for the elderly to move? [J]. Urban Studies,1996,33(02):353 – 377.

[162]Friedman H. J. Interregional migration of the aged in the United States [J]. Journal of Gerontology Development Society,1951,21(01):102 – 114.

[163]Gavin W. J. Population ageing in Asia and its implications for mobility

[J]. Population Ageing,2008,01:31 –49.

[164]Gelepithis M. Institutional mismatch, party reputation, and industry interests:understanding the politics of private-heavy pension systems[J]. Political Studies, 2018,03:735 –751.

[165]Getis A. ,Ord J. K. The analysis of spatial association by the use of distance statistics[J]. Geographical Analysis,1992,24:189 –206.

[166]Golant S. M . The suburbanization of the American elderly[J],1992,01: 163 –180.

[167]Goode W. Women in divorce[M]. New York:Columbia University the Free Press,1956.

[168]Goodman A. C. Using lorenz curves to characterize urban elderly population[J]. Urban Studies,1987,24(01):77 –80.

[169]Hiltner J. ,Smith B. W. Intraurban residential location of the elderly[J]. Journal of Geography,1974,73(04):22 –33.

[170]Káčerová M. ,Ondačková J. ,Mladek J. A comparison of population ageing in the Czech Republic and the Slovak Republic based on generation support and exchange[J]. Moravian Geographical Reports,2012,20(04):26 –38.

[171]Krout J. A. Seasonal migration of the elderly[J]. The Gerontologist,1983, 23(03):295 –299.

[172]Li J. ,Han X. ,Zhang X. ,et al. Spatiotemporal evolution of global population ageing from 1960 to 2017[J]. BMC Public Health,2019,19(01):1 –15.

[173]Litwak E. ,Longino C. F. ,Migration patterns among the elderly:a developmental perspective[J]. The Gerontologist,1987,27(03) :266 – 272.

[174]Longino C. F. Geographical mobility and family caregiving in nonmetropolitan America:three-decade evidence from the U. S. census. [J]Family Relations,1990, 39(01):38 – 43.

[175] Lutz W. , Sanderson W. , Scherbov S. The coming acceleration of global population ageing[J]. Nature,2018,451:716 –719.

[176] Man W. , Wang S. , Yang H. Exploring the spatial-temporal distribution and evolution of population aging and social-economic indicators in China[J]. BMC Public Health,2021,21(01):1 –13.

[177] Marois G. ,Bélanger A. ,Lutz W. Population aging,migration,and produc-tivity in Europe. [J] Proceedings of the National Academy of Sciences,2020,117: 7690 –7695.

[178] McCarthy K. F. The elderly population's changing spatial distribution:Pat-terns of change since 1960[M]. Santa Monica,CA:Rand Corporation,1983.

[179] Moore E. G. , Pacey M. A. Geographic Dimensions of Aging in Canada, 1991—2001[J]. Canadian Journal on Aging/La Revue canadienne du vieillissement, 2004,23:S5 –S21.

[180] Muhammad T. ,Srivastava S. ,Hossain B. ,et al. Decomposing rural – ur-ban differences in successful aging among older Indian adults[J]. Scientific Reports, 2022,12(01):11299.

[181] Ogburn W. F. Social Change[M]. New York:Viking Press,1932.

[182] O'Reilly K. A. New trend in European migration:contemporary British mi-gration to Fuengirola, Costa del Sol [J]. Geographical Viewpoint, 1995, 23 (02): 25 –36.

[183] Peng Y. ,Li W. ,Luo X. ,et al. A geographically and temporally weighted regression model for spatial downscaling of MODIS land surface temperatures over ur-ban heterogeneous regions[J]. IEEE transactions on geoscience and remote sensing:a publication of the IEEE Geoscience and Remote Sensing Society,2019.

[184] Reynaud C. ,Miccoli S. ,Lagona F. Population ageing in Italy:an empirical analysis of change in the ageing index across space and time[J]. Spatial Demography,

2018,06(03):235 - 251.

[185] Rogers A. Age patterns of elderly migration: an international comparison [J]. Demography,1988,25(03):355 - 370.

[186] Rogers, Watkins J. F. , Woodward J. A. Interregional elderly migration and population redistribution in four industrialized countries: a comparative analysis[J]. Research on Aging,1990,12(03):251 - 293.

[187] Schwarze J. How income inequality changed in Germany following reunification: an empirical analysis using decomposable inequality measures [J]. Review of Income and Wealth,1996,01:1 - 11.

[188] Sławomir K. Double transitions? regional patterns of population ageing in poland[J]. Geografiska Annaler: Series B, Human Geography, 2011, 93 ( 02 ): 163 - 184.

[189] Sun J. P. , Zhou X. , Yang Z. L. , et al. Status quo of pension institutions at home and abroad[J]. Chinese Journal of Gerontology,2011,31(07):1264 - 1266.

[190] Terrasi M. Convergence and divergence across Italian regions[J]. Annals of Regional Science,1999,33:491 - 510.

[191] Trujillo L. , Retamozo M. Martin retamozo, political economy of inequality in Argentina(2003—2015): labor institutions and social protection [J]. Temas Debates,2017,10:35 - 61.

[192] Natascha Z. Financialisation and the pension system: lessons from the United States and the Netherlands [J]. Journal Of Modern European History,2017,15 (04):554 - 578.

[193] Vega Alma. The impact of social security on return migration among latin american elderly in the US[J]. Population Research and Policy Review,2015,34 (03):307 - 330.

[194] Venturoni L. The Social and economic effects of second homes[M]. Silver-

horne:Northwest Colorado Council of Governments,2004.

[195]Walford N. S. ,Kurek S. A comparative analysis of population ageing in urban and rural areas of England and Wales,and Poland over the last three census intervals[J]. Population,Space and Place,2008,14(05):365 – 386.

[196]Zhang P. Y. ,Su F. ,Li H. ,et al. Coordination degree of urban population, economy,space,and environment in Shenyang since 1990[J]. China Population,Resources and Environment,2008,18(02):115 – 119.